國學禮樂錄

（第一册）

UESTCP
电子科技大学出版社

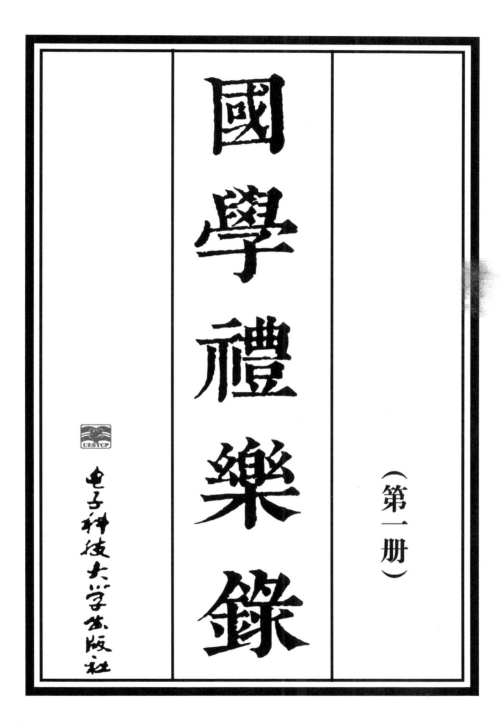

图书在版编目（CIP）数据

国学礼乐录：全2册/（清）李周望，（清）谢履忠撰.--成都：电子科技大学出版社，2017.10
ISBN 978-7-5647-5230-9

Ⅰ.①国… Ⅱ.①李… ②谢… Ⅲ.①礼乐－中国－清代 Ⅳ.① K892.9

中国版本图书馆 CIP 数据核字 (2017) 第 258604 号

国学礼乐录（全2册）
（清）李周望　谢履忠　撰

策划编辑　刘　愚　杜　倩
责任编辑　刘　愚

出版发行　电子科技大学出版社
　　　　　成都市一环路东一段159号电子信息产业大厦九楼　邮编 610051
主　　页　www.uestcp.com.cn
服务电话　028-83203399
邮购电话　028-83201495

印　　刷　虎彩印艺股份有限公司
成品尺寸　185 mm×260 mm
印　　张　45.25
字　　数　400千字
版　　次　2017年10月第1版
印　　次　2017年10月第1次印刷
书　　号　ISBN978-7-5647-5230-9
定　　价　1600.00（全2册）

出版説明

現代漢語用『圖書』表示文獻的總稱，這一稱謂可以追溯到古史傳説時代的河圖、洛書。在從古到今的文化史中，圖像始終承擔着重要的文化功能。傳説時代的大禹『鑄鼎象物』，將物怪的形象鑄到鼎上，使『民知神奸』。在《周易》中也有『制器尚象』之説。一般而論，文化生活皆有與之對應的物质層面的表现。在中國古代文獻研究活動中，學者也多注意器物、圖像的研究，如《詩》中的草木、鳥獸，《山海經》中的神靈物怪，《禮儀》中的禮器、行禮方位等，學者多畫爲圖像，與文字互相印證，成爲經學研究中的『圖説』類著述。至宋元以後，庶民文化興起，出版業高度發達，版刻印刷益發普及，在普通文獻中也逐漸出現了圖像資料，其中廣泛地涉及植物、動物、日常的物質生產程序與工具、平民教化等多個方面，其中流傳至今者，是我們瞭解古代文化的重要憑藉，通過這些圖文並茂的文本，讀者可以獲得對古代文化生動而直觀的感知。爲了方便讀者閱讀，我們將古代文獻中有關圖像、版畫、彩色套印本等文獻輯爲叢刊正式出版。

本編選目兼顧文獻學、古代美術、考古、社會史等多個種類，範圍廣泛，版本選擇也兼顧了古代東亞地區漢文化圈的範圍。圖像在古代社會生活中的一大作用爲促進平民教化，即古人所謂的『圖像古昔，以當箴規』，（語出何宴《景福殿賦》）明清以來，民間勸善之書，如《陰騭文》《閨范》等，皆有圖解，其中所宣揚的古代道德意識中的部分條目固然爲我們所不取，甚至應該是批判的對象，但其中多有精美的版畫，除了作爲古代美術史文獻以外，也可由此考見古代一般平民的倫理意識，實爲社會史研究的重要材料。

本編擬目涉及多種類型的文獻，茲輯爲叢刊，然亦以單種別行為主，只有部分社會史性質的文本，因爲篇卷無多，若獨立成册則面臨裝幀等方面的困難，則取同類文本合爲一册。文獻卷首都新編了目録以便檢索，但爲了避免與書中内容大量重複，無謂地增加篇幅，有部分新編目録較原書目録有所簡略，也有部分文本性質特殊，原書中本無卷次目録之類，則約舉其要，新擬條目，其擬議未必全然恰當。所有文獻皆影印，版式色澤，一存古韻。

《國學禮樂録》總目録

二十卷（清）李周望 輯 清康熙五十八年國子監刊本

第一册

第二册

第一册目録

序

成均典樂之職禮教之地也昉自虞廷其風尚矣周備四代之學王畿之內號爲辟雝蓋以明首善之義與鄉學不同秦火以後學校淪廢漢至元狩始議建

于董生策中元成之世弟子增衆光武重興太學親臨講論立十四博士以授五經明帝習射養老章帝大會諸儒一時虎觀横經彬彬稱盛晉武雅尚儒術以賈馬鄭杜伏孔王何之徒分

立八家儒學命張華劉寔領之
太常咸寧後乃立國子學以教
貴游子弟東晉士夫習尚莊老
流及六朝南北興廢無常至隋
開皇國子寺始不隸于太常唐
則六學皆歸國子宋增三館而

學規之善莫或過於胡瑗焉三
齋雜儀肇元許衡六堂考課沿
明永樂日久漸弛僅屬空文
皇朝定鼎京師振興文教
世祖章皇帝視學釋奠百廢具張
我

皇上生知好古重道崇儒
御極之初即
臨雍講學隆禮
先師超越百代
特製訓飭士子文立碑造就加意勸
懲時際雍熙禮明樂備久道化

成更修輯諸經闡晰性理辨別律呂審定元音集道統之大成作君師之極範近復升祔名儒增襲博士凡所以光輝俎豆鼓舞人材之典無所不至猗歟休哉士生金聲玉振之世獲漸菁

莪棫樸之風亘厚幸矣余自甲
午承乏司業旋遷侍講郎奉
命校士全楚日與諸生撤幃講業務
趨醇古以應昌期役竣復膺司
成重任受
恩汪渥報稱無由爰與　方山謝公

氷兢共矢月吉弘宣

聖訓督課惟勤而諸生文風亦日新月盛雖然國家儲賢養士豈徒以文章華國潤色鴻業云爾哉要求實行以資大用也余惟古之教士自小學以至大學旣已

身通六藝尤必陶養性情以爲修齊治平之本春秋教以禮樂冬夏教以詩書入德有方修道有序興詩立禮成樂次第較然不可易也太史公適魯觀孔子廟堂車服禮器諸生以時習禮

其家乃故事之可證者況國學賢關人才淵藪士列橋門之下而不辨禮儀樂奏之詳典祀損益之故又何以自立于儒雅之林備異日

廟堂之選乎爰采志統諸書薙其繁

冗少爲編次錄成一書以示諸
生俾知國學禮樂所在斯須不
可去身亟宜研窮義理考核名
實禮以謹其節樂以發其和庶
幾由博而約以漸臻乎希聖希
賢之域仰承

聖天子壽考作人之化行且比隆周
室遠接虞廷漢唐以後曷足道
哉是爲序

旹
康熙五十有八年歲在屠維大淵
獻且月朔日國子祭酒蔚州南

屏李周望書於彝倫堂

國學禮樂錄

凡例 六條

一
御製孔子四配贊語及訓飭士子文恭錄于首以表尊師訓士盛典其賢儒列傳諸贊間錄其最明切者餘皆從省

一茲錄務取簡括便於覽觀僅即禮樂統太學志禮樂志諸書抄撮大概間附舊聞數條以備參攷

一朱子既邀升配大典其列傳位次應改列十哲之下茲爲刋正并增范文正公傳及西廡位次于圖

一舞佾圖冠服各書所載不同今照文廟禮樂志刋定

一太常現行儀注則例最爲詳悉合併附錄

一前代祭酒司業姓氏已詳載太學志中兹專錄

昭代滿漢題名碑記以紀千秋之盛

一各書所記監中經籍書板射器法帖等件年久湮廢

難稽故不具載至進士題名碑記别有全錄專刻兹不

重贅

國學禮樂錄目錄

國子監祭酒蔚州李周望渭湄氏編輯

卷之五

諸賢列傳 東廡先賢

澹臺子滅明　原子憲　南宮子适　商子瞿

漆雕子開　司馬子犂耕　有子若　巫馬子施

顏子辛　曹子卹　公孫子龍　秦子商

顏子高　壤駟子赤　石作子蜀　公夏子首

后子處　奚子容蒧　顏子祖　句子井疆

秦子祖　縣子成　公祖子句茲　燕子伋

樂子欬　狄子黑　孔子忠　公西子蒧

顏子之僕　施子之常　申子棖　左子丘明

張子載　程子頤

卷之六

諸賢列傳西廡先賢

宓子不齊　公冶子長　公晳子哀　高子柴

樊子須　商子澤　梁子鱣　冉子孺

伯子虔　冉子季　漆雕子徒父　漆雕子哆

公西子赤　任子不齊　公良子孺　公肩子定

鄡子單　罕父子黑　榮子旂　左子人郢

鄭子國　原子亢　廉子潔　叔仲子會

公西子輿如　邽子巽　陳子亢　琴子張

諸儒列傳 西廡先儒

穀梁子赤　伏子勝　后子蒼　董子仲舒

王子通　范子仲淹　歐陽子修　胡子安國

楊子時　李子侗　張子栻　陸子九淵

眞子德秀　薛子瑄

西廡先儒舊有公伯寮秦冉戴聖賈逵馬融何休王弼後罷不祀蘧瑗林放鄭元范甯吳澄改祀于鄉

卷之九

啓聖祠賢儒列傳

孔氏啟聖公　顏氏無繇　曾氏點　孔氏鯉

孟孫氏激 東廡　周氏輔成　朱氏松 西廡　程氏珦

至聖世系之圖

微子啓 帝乙首子

微仲衍 微子之弟嗣爲宋公
宋公稽 衍子
丁公申 稽子
湣公共 申子

弗父何 共子
宋父周 何子
世子勝 周子
正考父 勝子

孔父嘉 考父子始姓孔氏
木金父 嘉子奔魯因家焉
睪夷 木金父子一作祈父奔睪

防叔 睪夷子
伯夏 防叔子
叔梁紇 伯夏子自微子至叔梁大夫凡十四世是生孔子

孔子 自孔子至今衍聖公毓圻凡六十七代

周望謹按史記宋世家曰微子開者史避漢景諱改啓作開殷帝乙之首子也周公旣承成王命誅武庚乃命微子開代殷後奉其先祀國於宋微子開卒立其弟衍是爲微仲微仲卒子宋公稽立宋公稽卒子丁公申立丁公申卒子湣公共立湣公共卒弟煬公熙立煬公卽位湣公子鮒祀弒煬公而自立是爲厲公注索隱曰據左氏卽湣公庶子也弒煬公欲立弗父何何讓不受左傳孟僖子曰孔丘聖人之後也而滅於宋其祖弗父何以有宋而授厲公杜預注弗父何孔父嘉之高祖宋閔公之子厲公之兄何適嗣當立以讓厲

公又史記孔子世家曰孔子生魯昌平鄉陬邑其先宋人也曰孔防叔防叔生伯夏伯夏生叔梁紇紇生孔子注索隱曰家語孔子宋微子之後宋襄公生弗父何以讓弟厲公弗父何生宋父周周生世子勝勝生正考父考父生孔父嘉五世親盡別爲公族姓孔氏據此則姓孔氏始自嘉孔父生子木金父金父生睪夷睪夷生防叔畏華氏之逼而奔魯故孔氏爲魯人宋孔傳東家雜記首載姓譜云丁公申生滑公共及襄公熙熙生弗父何此據家語本姓解也索隱中亦正作襄公明正德間所刻孔庭纂要首載世譜則云丁公申

生湣公共及煬公熙湣公共生弗父何與家語東家雜記互異而與左史相同今家語已非王肅所注古本而杜注甚明並以左史爲正又按杜元凱昭公七年左傳而滅於宋注孔子六代祖孔父嘉爲宋督所殺其子奔魯據此則奔魯始自金父家語金父子作睪夷而東家雜記作祈父夸睪孔庭纂要亦作祈父注云或曰睪夷今並綴於圖以備叅覽

易學源

- 商瞿 魯人孔子弟子
  - 橋庇 魯人
    - 馯臂 江東人
      - 周醜 燕人
        - 孫虞 東武人
          - 田何 自春秋末至漢初

- 田何 齊人徙杜陵曰杜田生
  - 王同 東武人
    - 楊何 菑川人太中大夫
      - 京房 東郡頓丘人齊郡太守
        - 梁丘賀 琅邪諸人少府
          - 梁丘臨 賀子黃門郎
            - 王駿 琅邪人御史大夫
          - 張禹
          - 五鹿充宗 少府
            - 士孫張 平陵人光祿大夫給事中
            - 鄧彭祖 沛人真定太傅
            - 衡咸 齊人王莽講學大夫
    - 即墨成 齊人城陽相
    - 孟但 廣川人太子門大夫
    - 周霸 魯人膠西內史
    - 衡胡 莒人至大官
    - 主父偃 齊臨菑人齊相
  - 周王孫 雒陽人
    - 丁寬
  - 丁寬 雒陽人梁將軍
    - 田王孫 碭人博士
      - 施讎 沛人博士
        - 張禹 河內軹人丞相
          - 彭宣 淮陽人大司空
          - 戴崇 沛人九卿
        - 魯伯 琅邪人會稽太守
          - 毛莫如 太山人常山太守
      - 梁丘臨
  - 服生 齊人

流之圖

項生齊人
丁寬
毋將永蘭陵人豫章都尉
高相沛人
高康相子為郎
梁丘賀
白光東海人博士
翟牧沛人博士
孟喜東海蘭陵人丞相掾
趙賓蜀人
邴丹琅邪人六百石
焦贛梁人小黄令
京房
殷嘉東海人博士
姚平河東人博士
乘弘河南人博士
蓋寬饒魏人司隸校尉
費直東萊人單父令
王璜琅邪人

漢興言易自田生　施讐孟喜梁丘賀曰施孟梁丘之學

京房明災異曰京氏之學　高相費直無章句曰高費

京房以焦贛即孟氏之學高相自言出於丁寬故

皆綴於派內費直則另為一派

今文

書學源流

伏生 濟南人秦博士
- 朝錯 潁川人御史大夫
- 張生 濟南人博士 — 夏侯都尉 魯人 — 夏侯始昌 都尉族子昌邑太傅 — 夏侯勝 始昌族子太子太傅
- 歐陽和伯 濟南千乘人 — 兒寬 千乘人御史大夫 — 歐陽和伯子 — 歐陽和伯孫 — 歐陽高 和伯曾孫博士
- 伏生孫 — 簡卿 未詳 — 夏侯勝
- 周霸 見前

夏侯勝 — 夏侯建 勝從兄子太子太傅 — 張山拊 平陵人少府
- 李尋 平陵人騎都尉
- 鄭寬中 平陵人光祿大夫給事中 — 趙玄 東郡人御史大夫
- 張無故 山陽人廣陵太傅 — 唐尊 沛人王莽太傅
- 秦恭 信都人城陽內史 — 馮賓 魯人博士
- 假倉 陳留人膠東相

周堪 齊人光祿勳
- 牟卿 北海人博士 — 孔光
- 許商 長安人四至九卿
  - 唐林 沛人九卿
  - 吳章 平陵人博士 — 云敞 平陵人更始時御史大夫
  - 王吉 重泉人九卿非昌邑中尉
  - 炔欽 齊人博士

古文

流之圖

孔霸（魯人褒成君關內侯）　孔光（霸子丞相）

黃霸（淮陽陽夏人丞相）

歐陽高（和伯曾孫博士）　歐陽地餘（高孫少府）　歐陽政（地餘子王莽講學大夫）　歐陽歙（後漢大司徒）　曹曾（濟陰人諫議大夫）　曹祉（曾子河南尹）

林尊（濟南人少府）　平當（平陵人丞相）　朱普（九江人博士）

鮑宣（上黨人司隸校尉）

夏侯建

陳翁生（梁人信都太傅）　殷崇（瑯邪人博士）

龔勝（楚國人右扶風）

漢興言書自濟南伏生　夏侯勝大建小歐陽高曰大小夏侯歐陽之學

孔安國（魯人諫大夫）　都尉朝　庸譚（膠東人）　胡常（清河人部刺史）　徐敖（虢人右扶風）

王璜（見前王莽時貴顯）

塗惲（平陵人王莽時貴顯）　桑欽（河南人）

司馬遷（龍門人太史令）

兒寬

孔延年（安國兄武子即霸父）　孔霸（延年子）　孔光

賈徽　賈逵

古文尚書起於孔安國至後漢而大興

詩學源

浮丘伯齊人
- 申培魯人太中大夫
  - 王臧蘭陵人郎中令
  - 趙綰代人御史大夫
  - 孔安國魯人臨淮太守
  - 周霸見易書
  - 夏寬城陽內史
  - 魯賜碭人東海太守
  - 繆生蘭陵人長沙內史
  - 徐偃蘭陵人膠西中尉
  - 闕門慶忌鄒人膠東內史
  - 大江公瑕丘人博士
    - 韋賢魯國鄒人丞相
      - 韋玄成賢子丞相
      - 韋賞玄成兄子大司馬
    - 江公大江公孫博士
    - 榮廣
  - 許生魯人
    - 韋賢
    - 王式
  - 徐公免中人
    - 王式東平新桃人博士
      - 張長安山陽人淮陽中尉
        - 張游卿長安兄子諫大夫
          - 王扶瑯邪人泗水中尉
          - 許晏陳留人博士
      - 唐長賓東平人楚王傅
      - 褚少孫沛人博士
      - 薛廣德沛郡相人御史大夫
        - 龔舍楚人泰山太守

齊詩　韓詩　毛詩

流之圖

齊詩

轅固　齊人清河太傅
— 夏侯始昌　見前
— 后蒼　東海郯人少府
— 翼奉　東海下邳人諫大夫
— 蕭望之　東海蘭陵人前將軍
— 匡衡　東海承人丞相
　— 師丹　瑯邪東武人大司空
　— 伏理　瑯邪人高密太傅
　— 滿昌　潁川人詹事
　　— 張邯　九江人至大官
　　— 皮容　瑯邪人至大官

韓詩

韓嬰　燕人常山太傅
— 賁生　淮南人
— 韓商　嬰孫博士
— 趙子　河內人
— 蔡誼　河內人丞相
— 食子公　河內人博士
— 栗豐　泰山人部刺史
— 張就　山陽人至大官
— 王吉　瑯邪人昌邑中尉
— 長孫順　淄川人博士
— 髮福　東海人至大官

白奇　博士 — 蕭望之

毛詩

漢興言詩於魯則申培公於齊則轅固生燕則韓太傅

卜商 — 曾申 — 李克 — 孟仲子 — 根牟子 — 荀卿 — 毛亨 — 毛萇　春秋末至漢初

毛萇　趙人河間博士
— 貫長卿　趙人
— 解延年　趙人河武令
— 徐敖
— 陳俠　九江人王莽講學大夫

毛詩起於河間獻王至後漢而大興

公羊

春秋學

卜商—公羊高—高子平—平子地—地子敢—敢子壽—胡母子都 春秋末至漢初

胡母子都 齊人博士
- 公孫弘 菑川薛人丞相
- 嬴公 後漢書言胡母生授東平嬴公前漢書儒林以下皆仲舒弟子而呂步舒不知其師書眭孟嬴公弟子稱先師董仲舒俱有確據故嬴公兩屬而褚大吳專屬于仲舒

董仲舒 廣川人江都相
- 褚大 蘭陵人梁相
- 嬴公 東平人諫大夫
  - 孟卿 東海人
    - 疏廣 東海蘭陵人太子太傅
      - 筦路 瑯邪人御史中丞
      - 孫寶 潁川鄢陵人大司農
  - 眭弘 字孟魯國人符節令
    - 嚴彭祖 東海下邳人太子太傅
      - 王中 瑯邪人少府
        - 公孫文 瑯邪人東平太傅
        - 東門雲 瑯邪人荊州刺史
    - 顏安樂 魯國薛人齊郡太守
      - 泠豐 淮陽人淄川太守
        - 馬宮 東海戚人大司徒
      - 任公 淄川人少府
        - 左咸 瑯邪人九卿
      - 冥都 泰山人丞相史
      - 筦路
    - 貢禹
- 段仲 廣川人
- 呂步舒 溫人丞相長吏
- 貢禹 瑯邪人御史大夫
  - 堂谿惠 潁川人
    - 冥都

李育 侍中—羊弼 博士—何休 諫議大夫

漢興言春秋於齊則胡母生於趙則董仲舒

源流圖

卜商—穀梁赤—荀卿—申公—大江公

大江公（即瑕丘江公）—江公子（博士）—江博士（江公孫）—胡常（清河人）—蕭秉（梁人王莽講學大夫）

榮廣（魯人）—蔡千秋（沛人郎中戶將）—尹更始（汝南人長樂戶將）—尹咸（更始子大司農）—翟方進（汝南上蔡人丞相）

周慶（梁人博士）

丁姓（梁人中山太傅）—申章昌（楚人長沙太傅）—房鳳（琅邪人青州牧）

皓星公（魯人）—蔡千秋—劉向

穀梁自漢宣帝時興

左丘明—曾申—吳起—吳期（起子）—鐸椒—虞卿—荀卿—張蒼（丞相）—賈誼（洛陽人梁太傅）

貫公（河間人博士）—貫長卿（公子蕩陰令）—張禹（清河人御史大夫）—尹更始—尹咸—劉歆—鄭興（後漢人）—鄭衆（興子）

翟方進—劉歆

賈徽（平陵人）—賈逵（徽子後漢人）

胡常—賈護（黎陽人為郎）—陳欽（蒼梧人將軍）—陳元（欽子後漢人）

房鳳

左氏自漢平帝時興

禮學源

- 高堂生 魯人
  - 徐生 魯人禮官大夫
    - 徐生子
      - 徐延 徐生孫禮官大夫
      - 徐襄 徐生孫禮官大夫
    - 公戶滿意 禮官大夫
    - 桓生 禮官大夫
    - 單次 禮官大夫
    - 蕭奮 瑕丘人淮陽太守
      - 孟卿 東海人
        - 后蒼
          - 聞人通漢 沛人中山中尉
          - 戴德 梁人信都太傅
            - 徐良 琅邪人郡守
          - 戴聖 梁人九江太守
            - 橋仁 梁人大鴻臚
            - 楊榮 梁人琅邪太守
          - 慶普 沛人東平太傅
            - 夏侯敬
            - 慶咸 普孫豫章太守
        - 閭丘卿 魯人

漢興言禮自魯高堂生班固贊曰初惟有禮后至宣帝世復立

流之圖

大小戴禮平帝時又立逸禮
按前漢書高堂生傳禮十七篇今儀禮也此外更無他書至后蒼說禮數萬言蓋以講明儀禮傳至小戴所傳者卽今禮記應是蒼說禮中所輯前代之書西漢立大小戴慶氏三家博士並未分儀禮禮記爲二禮記正義鄭君六藝論云五傳弟子者高堂生蕭奮孟卿后蒼及戴德聖凡五此所傳皆儀禮也此語最明逸禮亦非今禮記周禮後出起於劉子駿成於鄭康成至後漢始區分三禮今止叙西漢時明白授受源流他不贅及　蕭奮與公戸滿意等皆徐生弟子漢書本文甚明鄭君論五傳不及徐生以其但爲頌耳

蔚州後學李周望謹識

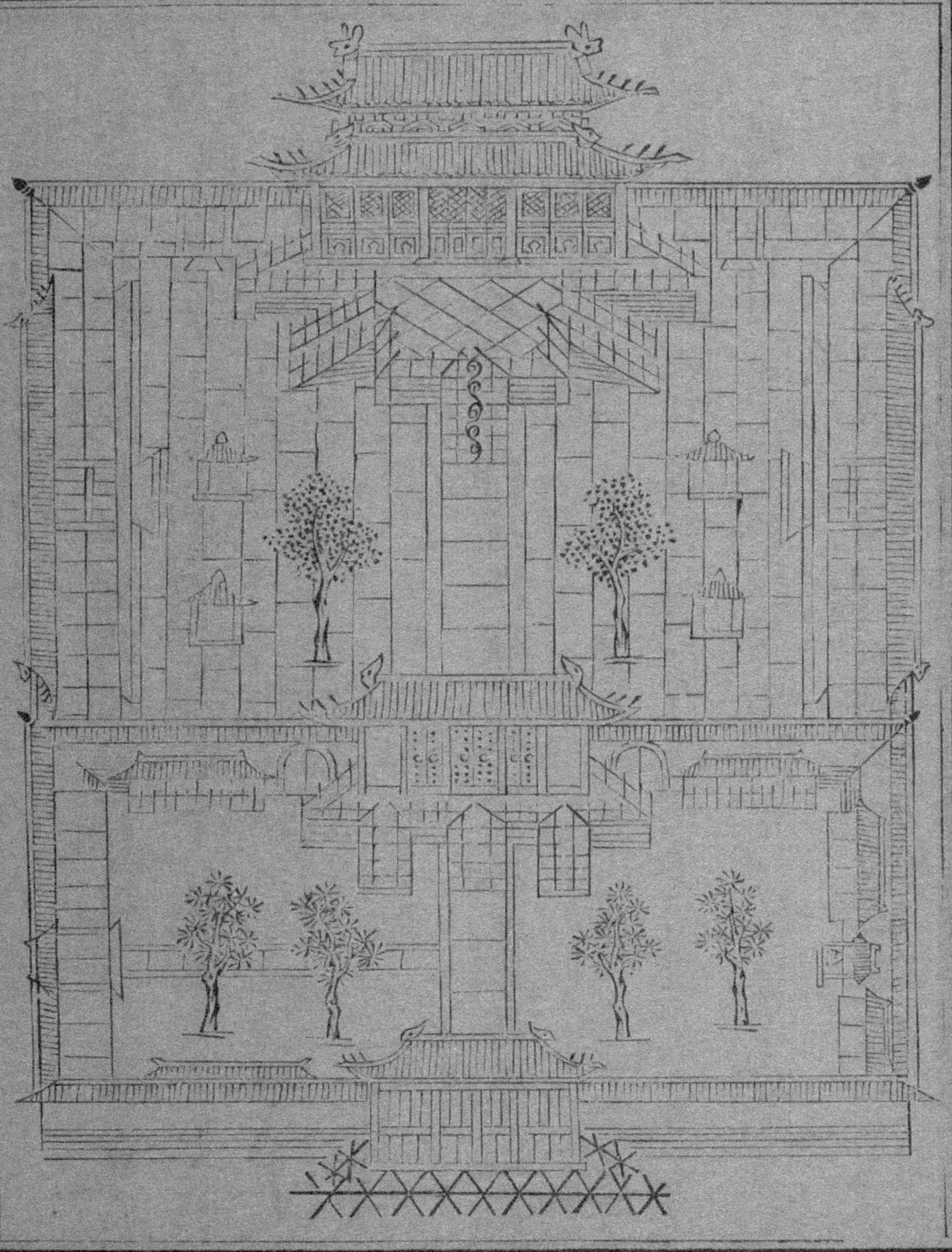

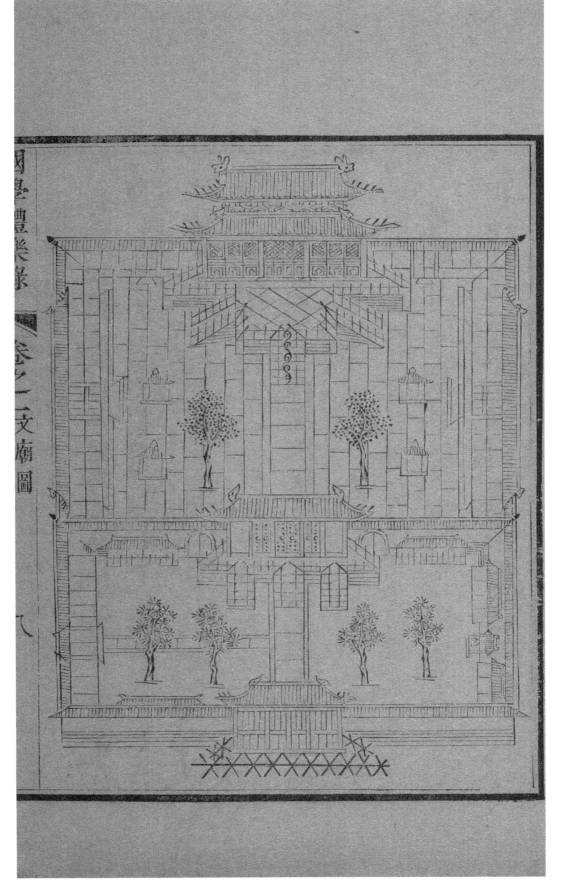

右文廟圖

按漢世京師未有夫子廟後魏太和十三年始立廟於京師唐高祖武德二年於國子監立周公孔子廟各一以四時致祭貞觀二年從左僕射房元齡議停周公祭升夫子爲先聖專祀焉歷代因之元置宣聖廟于燕京舊樞密院地明

太祖建學金陵作先師廟永樂二年始以北平府學爲國子監 國朝因之

大成門內左右石鼓各五西有石鼓文音訓碑一通外持敬門東有元加封聖號詔書碑大德十一年七月建西有元加封先聖父母妻并四配制詞碑一通至順二年九月

建對廊樹歷科進士題名碑廟內雜植松栢共五十七株每遇二丁非輔弼大臣不遣故今廟址雖循元明之舊而制度之崇典禮之審則非前代所能及矣

文廟中碑亭凡四其在東南者爲今

皇上御製　至聖先師孔子贊碑康熙二十五年七月初四日立其在西南者爲今

皇上御製顏曾思孟四子贊碑康熙二十八年閏三月十六日立其在西北者爲今

皇上親征平定朔漠告成太學碑康熙四十三年三月二十一日立其在東北者爲明英宗修建太學碑正統九年三

月初一日立

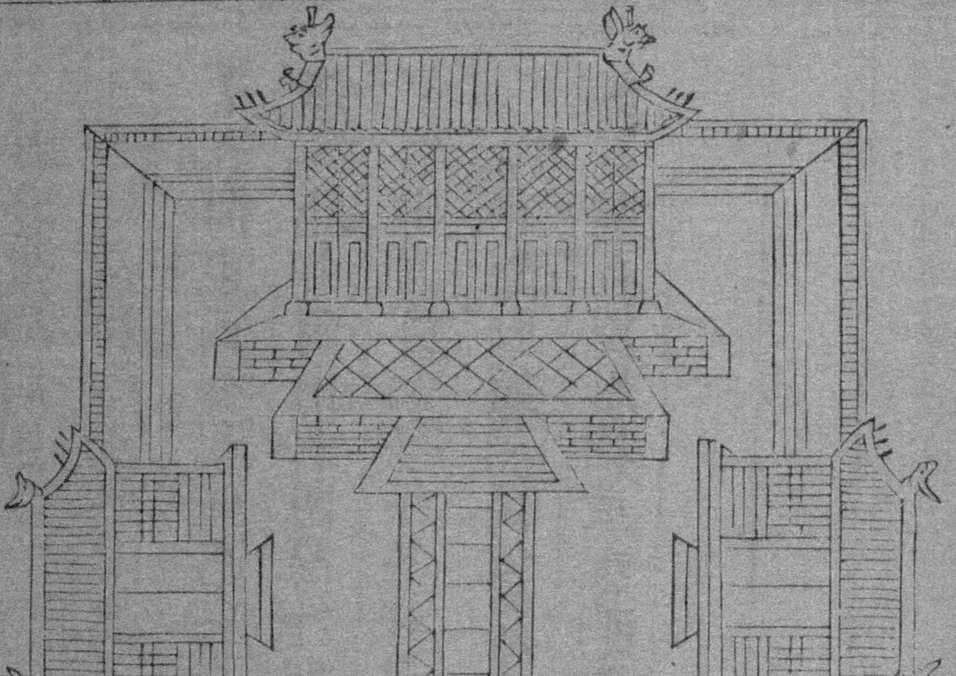

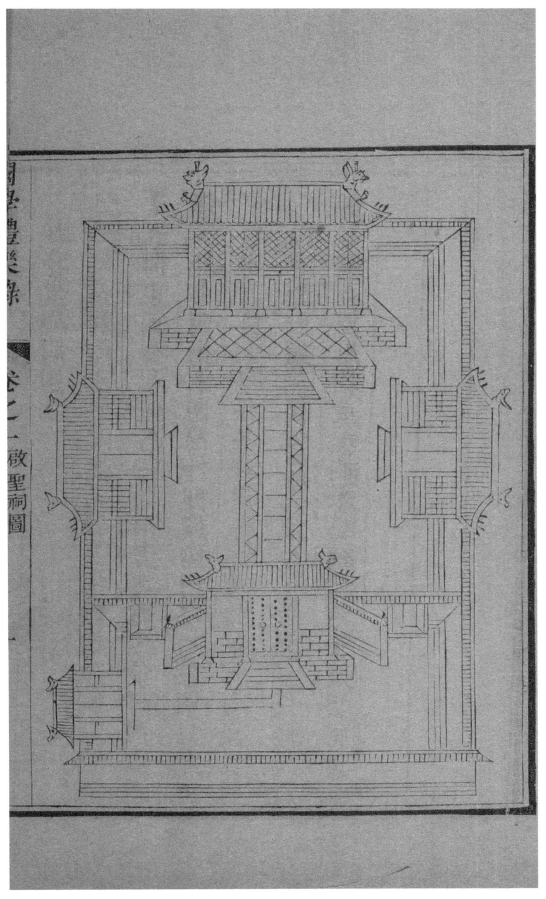

右啓聖公祠圖

祠在大成殿後舊典簿典籍廳藏用所地也祠南向正堂五間東西從祀堂各三間兩旁爲周垣各有門以通拜謁外由西出大門門外卽廣儲門之通路明嘉靖九年始建祠於太學并各府州縣皆建焉堂上爲啓聖公孔氏神位以顏無繇曾點孔鯉孟孫激配享俱稱先賢堂下左右以周輔成程珦朱松蔡元定從祀俱稱先儒

國學文廟彝倫堂總圖

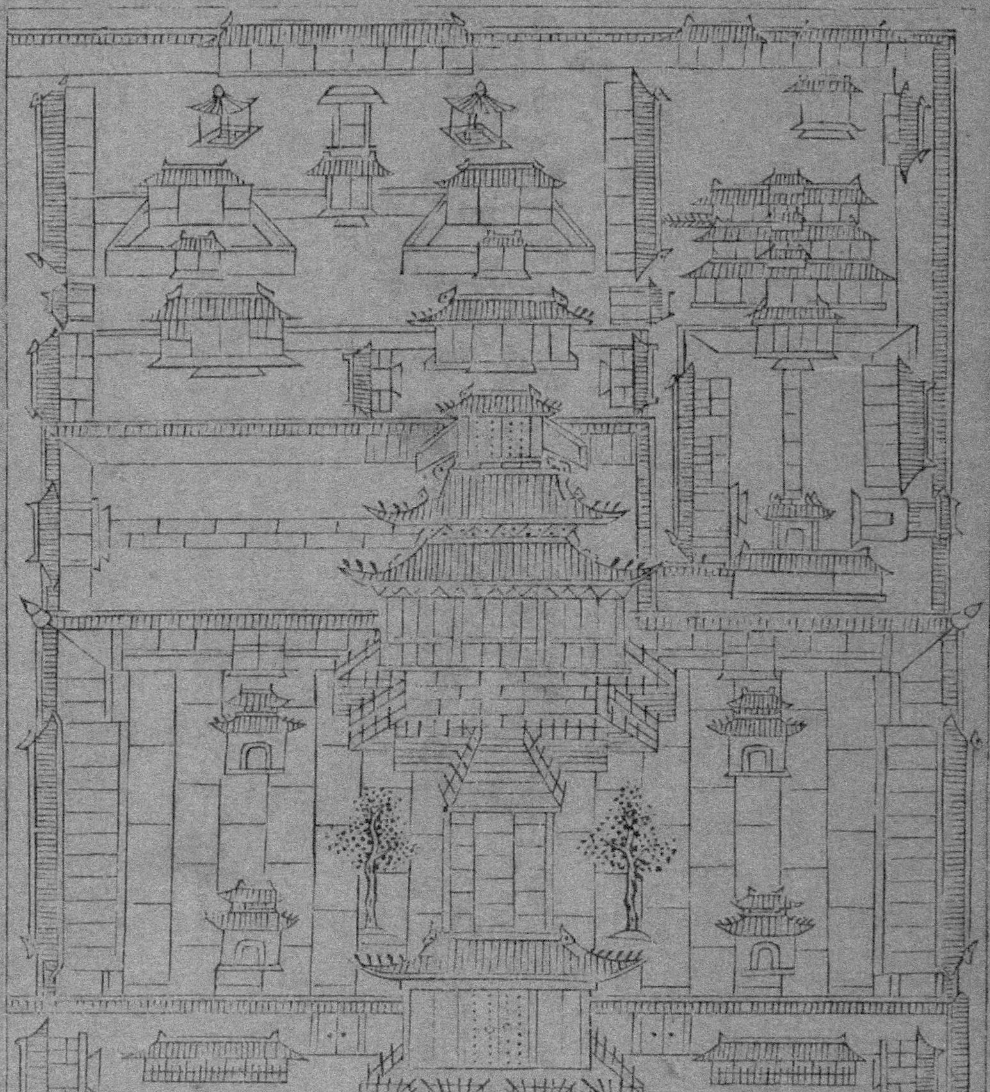

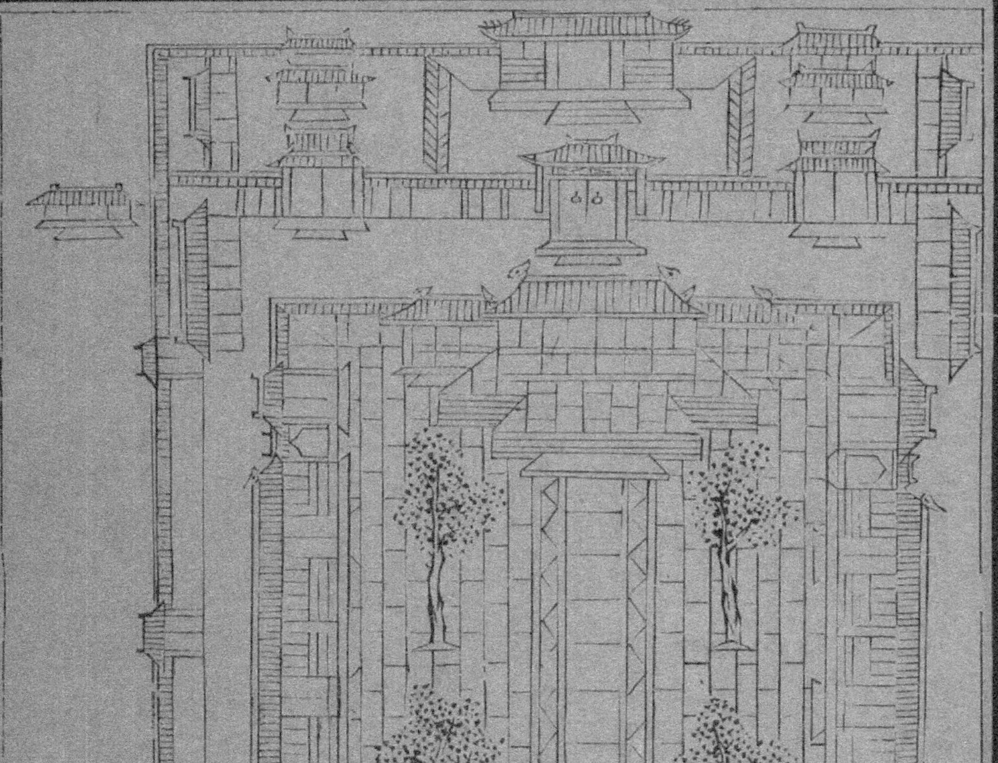

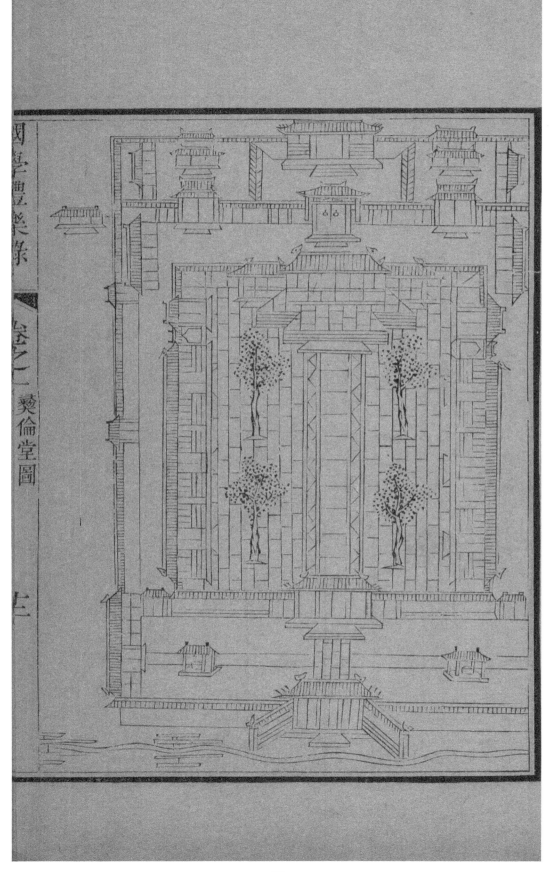

右廟學圖

按明永樂二年始以北平府學爲北京國子監今太

學是也里曰崇教坊在都城東北隅即元國學遺址

洪熙元年北京諸司皆稱行在正統六年定都于北

乃革行在稱國子監八年重建左廟右學南廱六堂

居大堂之後茲則分列于前

本朝定鼎增修敞煥規模弘遠矣

謹附諸說以備參攷

元史曰燕都始平宣撫王檝請以金樞密院爲宣聖廟

二十四年既遷都北城立國子學于國城之東乃以南

城國子學爲大都路學　又仁宗紀皇慶元年二月朔徙石鼓於國子監

帝京景物畧曰都城東北隅坊曰崇教街曰成賢國子監在焉國初本北平府學永樂二年改國子監左廟右學規制大備彝倫堂之松元許衡手植也廟門之石鼓周宣王獵碣也

查浦輯聞曰虞文靖謂許文正歿後國子監始立官府刻印章蓋文正爲祭酒時尚在舊學所謂王宣撫宅也今國學彝倫堂前樹傳是文正手植殆未必然

東崖雅疑曰兩京孔子廟易琉璃瓦自萬曆庚子始從

司業傅新德請也

徐氏典彙曰先是太學因元之陋吏部主事李賢上言
國家建都北京以來佛寺時復修建太學日就廢弛何
以示法天下請以佛寺之費修舉太學從之正統九年
正月太學成上臨視祗謁先聖行釋奠禮退御彝倫堂
命祭酒李時勉進講

春明夢餘錄曰國子監在城東北即元之舊學洪武改
爲北平郡學永樂仍爲國子學又改爲國子監正堂七
間曰彝倫堂元之崇文閣也中一間列聖幸學俱設坐
於此上懸勅諭五通東一間祭酒公座面南司業座面

西堂前爲露臺臺南中爲甬路前至太學門長四十三
丈聖駕臨幸由之東西爲墀諸生列班於此後堂三間
東講堂三間西講堂三間藥房三間折而東爲繩愆廳
三間鼓房一間率性堂誠心堂崇志堂各十一間西博士
廳三間鐘房一間修道堂正義堂廣業堂悉如率性堂
六堂乃諸生肄業之所東折而南爲廊房九間門一間
西亦如之太學門三間門東勑諭碑一通洪武十五年
申明學制一通洪武三年定學規碑一通洪武初年欽
定永樂三年申明學規碑一通洪武十六年并三十年
欽定廟學圖一通廟學規制地界四至丈尺勒正統十

二年十一月初四日立外西東井亭一又東爲持敬門以入廟自中少北爲儲門以通啟聖祠土地祠及典簿典籍掌饌廳倉庫之路祭酒東廂亦由此入西井亭一又西爲退省號門自西少北爲廣居門以爲司業入廂諸生入號之路墀內雜植槐栢共二十株前爲集賢門三間門前爲通衢東西牌坊各一題曰國子監監衢東西牌坊各一題曰成賢街彝倫堂後齋明所九間格致誠正號每號計三十七間嘉靖七年作敬一亭御製聖諭共碑七座前爲大門題曰敬一之門祭酒廂房在亭東司業廂房在亭西會饌堂一所在監東北土地祠五

間在饌堂門之右典籍廳五間在饌堂門之左典簿廳三間掌饌廳五間退省號及廣居門之西爲天地人智仁勇文行忠信規矩準繩紀綱法度凡一十八號并退省房三連混堂浄房各一所

西隱集曰太學堂有七彝倫所以會講率性修道誠心正義崇志廣業則諸生肆業所也

太學志曰廟學建於正統癸亥至弘治十四年尚書曾鑑請修堂宇垣墻并會饌堂十六年工竣櫺星門前高築屏墻上覆以青琉璃瓦兩旁築小紅墻前爲欄杆以擁護之　又監規國子生由廣業堂肆業以漸升至率

性堂然後積分量與出身　又監丞稱太學司直所居
曰繩愆廳亦曰東廳博士別有廳稱爲西廳
敬事草曰視學規制國子監先期灑掃內殿設御座於
彝倫堂中駕至則學官率諸生叩迎升座則率諸生叩
拜受經則諸生環聽堦下還朝宴賞則率諸生叩謝

國學禮樂錄卷之一

國子監祭酒蔚州李周望渭湄氏編輯

御製　至聖先師孔子贊 幷序

蓋自三才建而天地不居其功一中傳而聖人代宣其蘊有行道之聖得位以綏猷有明道之聖立言以垂憲此正學所以常明人心所以不泯也粵稽往緒仰溯前徽堯舜禹湯文武達而在上兼君師之寄行道之聖人也孔子不得位窮而在下秉刪述之權明道之聖人也行道者勳業炳於一朝明道者教思周於百世堯舜文武之後不有孔子則學術紛淆仁義湮塞斯道之失傳也久矣後之人而

欲探二帝三王之心法以爲治國平天下之準其奚所取
衷焉然則孔子之爲萬古一人也審矣朕巡省東國謁祀
闕里景企滋深敬摛筆而爲之贊曰
淸濁有氣剛柔有質聖人參之人極以立行著習察舍道
莫由惟皇建極惟后綏猷作君作師垂統萬古曰惟堯舜
禹湯文武五百餘歲至聖挺生聲金振玉集厥大成序書
刪詩定禮正樂旣窮象繫亦嚴筆削上紹往緒下示來型
道不終晦秩然大經百家紛紜殊途異趣日月無踰羹牆
可晤孔子之道惟中與庸此心此理千聖所同孔子之德
仁義中正秉彝之好根本天性庶幾夙夜勗哉令圖溯源

洙泗景躅唐虞載歷庭除式觀禮器濡毫仰贊心焉遐企百世而上以聖爲歸百世而下以聖爲師非師夫子惟師於道統天御世惟道爲寶泰山巖巖東海泱泱牆高萬仞夫子之堂孰窺其藩孰窺其徑道不道人克念作聖

康熙二十五年七月初四日

御製復聖顏子贊曰

聖道早聞天資獨粹約禮博文不遷不貳一善服膺萬德來萃能化而齊其樂一致禮樂四代治法兼備用行舍藏王佐之器

御製宗聖曾子贊曰

洙泗之傳魯以得之一貫曰唯聖學在兹明德新民止善爲期格致誠正均平以推至德要道百行所基纂承統緒修明訓辭

御製述聖子思子贊曰

於穆天命道之大原靜養動察庸德庸言以育萬物以贊乾坤九經三重大法是存篤恭慎獨成德之門卷之藏密擴之無垠

御製亞聖孟子贊曰

哲人既萎楊墨昌熾子輿闢之曰仁曰義性善獨闢知言養氣道稱堯舜學屏功利煌煌七篇並垂六藝孔學攸傳

禹功作配

康熙二十八年閏三月十六日

御製訓飭士子文

國家建立學校原以典行教化作育人材典至渥也朕臨
御以來隆重師儒加意庠序近復慎簡學使釐剔弊端務
期風教修明賢才蔚起庶幾棫樸作人之意乃比年士習
未端儒效罕著雖因內外臣工奉行未能盡善亦由爾諸
生積錮已久猝難改易之故也茲特親製訓言再加警飭
爾諸生其敬聽之從來學者先立品行次及文學學術事
功源委有敘爾諸生幼聞庭訓長列宮牆朝夕誦讀寧無

講究必也躬修實踐砥礪廉隅敦孝順以事親秉忠貞以立志窮經考業勿雜荒誕之談取友親師悉化驕盈之氣文章歸於醇雅毋事浮華軌度式於規繩最防蕩軼子衿佻達自昔所譏苟行止有虧雖讀書何益若夫宅心弗淑行已多愆或蜚語流言脅制官長或隱糧包訟出入公門或唆撥奸猾欺孤凌弱或招呼朋類結社邀盟乃如之人名教不容鄉黨勿齒縱倖脫褫朴濫竊章縫返之於衷寧無媿乎況乎鄉會科名乃掄才大典關係尤鉅士子果有真才實學何患困不逢年顧乃標榜虛名暗通聲氣夤緣詭遇罔顧身家又或改竄鄉貫希圖進取囂凌騰沸網利

營私種種弊端深可痛恨且夫士子出身之始尤貴以正若茲厥初拜獻便已作姦犯科則異時敗檢踰閑何所不至又安望其秉公持正爲國家宣猷樹績膺後先疏附之選哉朕用嘉惠爾等故不禁反覆惓惓茲訓言頒到爾等務共體朕心恪遵明訓一切痛加改省爭自濯磨積行勤學以圖上進國家三年登造束帛弓旌不特爾身有榮卽爾祖父亦增光寵矣逢時得志寧俟他求哉若乃視爲具文玩愒勿儆毀方躍冶暴棄自甘則是爾等冥頑無知終不能率教也旣負栽培復干咎戾王章具在朕亦不能爲爾等寬矣自茲以往內而國學外而直省鄉校凡學臣師

長皆有司鐸之責者並宜傳集諸生多方董勸以副朕懷否則職業勿修咎亦難逭勿謂朕言之不預也爾多士尚敬聽之哉

康熙四十一年正月　立

國學禮樂錄卷之一

國學禮樂錄卷之二

世家

孔子世家

孔子諱丘字仲尼魯陬邑昌平鄉人也系出宋微子之後孔子嘗自謂殷人微子傳國至五世曰湣公共生弗父何及厲公祀弗父何讓弟立而世爲宋卿生宋父周周生世子勝勝生正考父考父生孔父嘉五世親盡別爲公族遂姓孔氏孔父生子木金父木金父生睪夷睪夷生防叔自孔父爲華氏所殺子孫奔魯故孔氏世爲魯人防叔生伯夏伯夏生叔梁紇仕魯爲鄹大夫初娶於施氏無子其妾

生孟皮孟皮病足乃求娶於顏氏第三女曰徵在卽聖母也禱於尼丘之山時有麟降於闕里吐玉書其文曰水精之子繼衰周而爲素王聖母異之以繡紱繫麟角信宿而去遂娠孔子以魯襄公之二十有一年己酉十月二十一日庚子孔子生乃周靈王之二十有一年也是夕有二龍繞室五老降庭顏氏之房聞鈞天之樂空中有聲云天感生聖子降以和樂之音故生有異質凡四十九表三歲父卒葬於防山六歲爲兒嬉戲常陳俎豆設禮容魯昭公七年乙丑孔子年十七魯大夫孟釐子病誡其嗣懿子曰孔丘聖人之後滅於宋其祖弗父何始有宋而嗣讓厲公及

正考父佐戴武宣公三命茲益恭吾聞聖人之後雖不當世必有達者今孔丘年少好禮其達者歟吾卽没若必師之乃遺懿子及南宮敬叔往學禮焉昭公九年戊辰孔子年十九娶宋亓官氏明年己巳年二十初仕魯爲委吏料量平是年生子適昭公以鯉魚賜之榮君之貺因命名鯉字伯魚十一年庚午又爲乘田吏畜蕃息二十四歲母卒孔子少孤不知父墓及母卒殯之五父陬人曼父之母告以父葬處乃得合葬於防焉十七年丙子秋郯子來朝孔子往見而問官焉十九年戊寅孔子年二十九聞師襄善琴適晉學之十日不進襄子曰可以益矣孔子曰丘也習

其音矣未得其數也有間復請曰未得其志也有間復請曰未得其人也有間曰有所穆然深思焉有所翆然高望而遠志焉曰丘得其爲人黯然而黑頎然而長眼如望洋心如王四國非文王誰能爲此也襄子避席再拜曰師蓋云文王操也既而反魯南宮敬叔言於魯君與孔子適周見老聃問禮老子曰子所言其人與骨皆已朽矣獨其言在耳且君子得時則駕不得時則蓬藁而行吾聞之良賈深藏若虛君子盛德容貌若愚去子驕氣與多慾態色與淫志皆無益於子之身吾之所告子者若此而已孔子退謂門弟子曰鳥吾知其能飛獸吾知其能走至於龍吾不

知其乘風雲而上天也今吾觀老子其猶龍乎辭去又訪樂於周大夫萇弘弘語劉文公曰吾觀仲尼有聖人之表河目而龍顙黃帝之形貌也脩肱而龜背長九尺六寸成湯之容體也言稱先王躬履謙讓洽聞强記博物不窮其聖人之興者乎於是觀乎明堂入后稷廟覩堯舜桀紂之像及周公負扆之圖而與歎頌金人三緘其口之銘而三致意焉既而反魯弟子日益進時爲魯昭公之二十年孔子蓋年三十矣越五年甲申季平子專政昭公率師擊之平子帥三家之兵共攻昭公昭公奔齊魯亂孔子適齊聞韶音學之三月不知肉味齊人稱之景公欲以尼谿之田

封孔子晏嬰沮止之孔子遂行反乎魯孔子年四十二明年壬辰定公卽位孔子年四十三季氏强僭其臣陽虎專政作亂孔子不仕而退修詩書禮樂弟子彌衆定公五年丙申孔子年四十七是時季平子卒桓子嗣立穿井而得土缶中若羊季氏以爲狗孔子辨爲土之怪曰墳羊是年吳伐越墮會稽得骨節專車吳使使問孔子孔子曰此防風氏之骨也吳客曰信哉聖人八年巳亥公山不狃與季氏有隙因陽虎作亂明年庚子孔子年五十一陽虎奔於齊不狃乃以費畔使人召孔子欲往子路止之果卒不行定公以爲中都宰制爲養生送死之節長幼異食强弱異

任男女別塗路不拾遺器不雕僞市不貳價四寸之棺三寸之槨因丘陵爲墳不封不樹行之期年四方皆則之遂爲司空又爲大司寇十年辛丑春公會齊侯於夾谷孔子攝行相事曰臣聞有文事者必有武備有武事者必有文備古者諸侯出疆具官以從請具左右司馬公曰諾具左右司馬齊大夫黎鉏言於景公曰孔子好禮而無勇若使萊人以兵刼之可以得志景公從之孔子趨而進歷階而登不盡一等舉袂而言曰吾兩君好會異國之樂何爲於此請命有司景公心怍麾而去之旋又爲宮中之樂孔子趨而進歷階而登不盡一等曰匹夫而熒惑諸侯者罪當

誅請有司加法焉景公內慙而懼乃歸所侵魯鄆汶陽龜陰之田以謝過十二年癸卯夏孔子言於定公曰臣聞家不藏甲大夫無百雉之城古之制也今三家過制請損之乃使仲由爲季氏宰以墮三都於是仲孫何忌會叔孫州仇季孫斯帥師墮郈墮費公山不狃叔孫輙乃率費人襲魯孔子命申句須樂頎伐之敗諸姑蔑二子奔齊遂將墮成公斂處父謂孟孫曰墮成齊人必至於北門且成孟氏之保障無成是無孟氏也我將弗墮十二月公圍成弗克十四年乙巳孔子年五十六攝行相事誅魯亂政大夫少正卯於兩觀之間與聞國政三月魯國大治齊人聞而懼

曰孔子爲政必覇覇則我爲之先并矣盍致地焉黎鉏曰
請先嘗沮之於是選國中美女八十人文馬三十駟以遺
魯君陳女樂於魯城南高門外皆衣文衣而舞康樂季桓
子微服往觀再三乃語魯君爲周道遊往觀終日怠於政
事子路曰可以行矣孔子曰魯今且郊如致膰於大夫則
猶可以止桓子卒受齊女樂三日不聽政郊又不致膰俎
於大夫孔子遂行宿乎屯師巳送之孔子乃歌曰彼婦之
口可以出走彼婦之謁可以死敗蓋優哉游哉聊以卒歲
師巳反以告桓子桓子喟然歎曰夫子罪我以羣婢故也
夫孔子遂適衛主顏讐由家居十月乃適陳過匡陽虎嘗

暴匡人孔子狀類陽虎匡人疑之拘焉五日乃解去而過蒲月餘反乎衛主蘧伯玉家靈公夫人南子使人謂孔子曰四方之君子不辱欲與寡君爲兄弟者必見寡小君寡小君願見孔子辭謝不得已而見之夫人在絺帷中孔子入門北面稽首夫人自帷中再拜環珮玉聲璆然居月餘靈公與夫人同車宦者雍渠驂乘使孔子爲次乘招搖市過之孔子醜之去衛過曹是歲魯定公卒孔子去曹適宋與弟子習禮大樹下宋司馬桓魋欲殺之拔其樹孔子去遂適鄭與弟子相失孔子獨立郭東門鄭之人曰東門有人其顙似堯其項類皋陶其肩類子產自要以下不及禹

三寸纍纍若喪家之狗子貢聞之以告孔子欣然笑曰形狀末也而似喪家之狗然哉然哉遂去適陳是年丙午孔子五十七歲矣主於司城貞子家居歲餘有隼鳥集於陳廷而死楛矢貫之石砮長尺有咫陳湣公使使問孔子孔子曰隼來遠矣此肅慎氏之矢也昔武王克商通道九裔百蠻使各以其方賄來貢使無忘職業於是肅慎氏貢楛矢石砮長尺有咫先王欲昭其令德乃以肅慎矢分元女大姬配虞胡公而封諸陳分同姓以珍玉展親分異姓以遠方職使無忘服故分陳以肅慎氏矢試求之故府果得之留三年而反乎衛靈公不能用孔子行時晉大夫趙鞅

攻范中行伐中牟其臣佛肹以邑畔召孔子欲往不果明年丁未魯哀公卽位夫子年五十九將西見趙簡子至於河聞竇鳴犢舜華之死乃臨河而歎曰美哉水洋洋乎丘之不濟此命也夫乃還息乎陬鄉作爲陬操以哀之復反乎衞主蘧伯玉家靈公問陳明日與孔子語見蜚鴈仰視之色不在孔子孔子遂行復如陳留一年是歲己酉爲哀公之三年孔子時年六十一矣夏五月聞魯廟災南宮敬叔救火孔子嘆曰其必在桓僖廟乎已而果然明年庚戌孔子自陳適蔡又明年辛亥復自蔡如葉六年壬子孔子留陳蔡閒楚昭王使人聘之孔子將往陳蔡大夫謀曰孔

子賢者所刺譏皆中諸侯之疾今楚大國也孔子若用於楚則陳蔡危矣於是乃相與發徒役圍孔子於野不得行絕糧七日從者病莫能興孔子講誦弦歌不衰爲引詩曰匪兕匪虎率彼曠野吾道非耶吾何爲於此子貢曰夫子之道至大故天下莫能容孔子曰賜良農能稼而不能爲穡良工能巧而不能爲順君子能修其道綱而紀之統而理之而不能爲容今不修道而求爲容賜而志不遠矣子貢出顏淵入夫子復引詩顏淵曰夫子之道至大故天下莫能容雖然不容何病不容然後見君子孔子欣然笑曰有是哉顏氏之子使爾多財吾爲爾宰於是使子貢至楚

楚昭王興師迎孔子將以書社地七百里封之令尹子西沮之乃止是年楚子渡江得物如斗諸大夫莫能識以問孔子孔子以爲萍實楚子剖而食之其甘類蜜欸楚昭王卒孔子復反乎衞時衞君輒欲得孔子爲政留五年其乙卯歲孔子年六十六夫人亓官氏卒至哀公十一年丁巳會冉有爲季氏宰將師與齊戰於郎克之季康子曰子之於軍旅學之乎冉有曰學之於孔子康子曰孔子何如人對曰用之有名播之百姓質諸鬼神而無憾求之至於此道雖累千社夫子不利也康子曰我欲召之可乎對曰欲召之則毋以小人固之則可矣時孔子在衞衞大夫孔文

子將攻大叔疾問策於仲尼仲尼辭不知退命載而行文子固止會季康子以幣迎孔子孔子歸魯孔子之去國凡十四歲而反乎魯時年六十八矣然魯終不能用孔子孔子亦不求仕乃序書傳訂禮上紀唐虞之際下至秦穆編次其事觀夏殷所損益曰後雖百世可知也以一文一質周監二代郁郁乎文哉曰吾從周故書傳記昉自孔氏及與魯太師正樂雅頌各得其所古者詩三百餘篇及至孔子去其重複取可施於禮義上采契稷中述殷周之盛至幽厲之鈌始於衽席故曰關雎之亂以爲風始鹿鳴爲小雅始文王爲大雅始淸廟爲頌始三百五篇孔子皆弦歌

之以求合韶武雅頌之音禮樂自此可得而述以備王道成六藝晚年益喜易乃序彖繫象說卦文言讀易韋編三絕嘗曰假我數年卒以學易則彬彬矣生平以詩書禮樂教弟子蓋三千焉身通六藝者七十二人如顏濁鄒之徒頗受業者甚衆戊午哀公十有二年孔子年六十九子伯魚卒庚申十有四年孔子年七十一春公狩於大野叔孫氏車子鉏商獲獸以爲不祥折其前左足載以歸仲尼視之曰麟也取之曰吾道窮矣反袂拭面涕淚沾襟乃因史記作春秋上至隱公下訖哀公十四年舉十二公行事據魯親周繩之以文武之道成一王之法其文約其旨博筆

則筆削則削游夏之徒不能贊一辭後有王者舉而開之春秋之義行則天下亂臣賊子懼焉故孔子曰知我者其惟春秋乎罪我者其惟春秋乎既而齊陳恒弑其君壬孔子齋三日請討之公不許是年顏淵死孔子曰噫天喪予天喪予益傷道之無傳復自平日與曾子所論天子諸侯卿大夫及士庶人所當行之孝以爲天之經地之義生事葬祭頃步而不可忘五刑之屬三千罪莫大於不孝爰著成孝經一編與易傳春秋俾垂教於萬世故曰丘志在春秋行在孝經於是修述六經既成爰齋戒沐浴命孫伋隨於後向北斗稽首告備乃有赤虹自天而下化爲黃玉刻

文孔子跪而受之明年辛酉子路死於衛孔子聞之哭之盡哀爲服心喪十六年壬戌夫子病子貢請見夫子方負手曳杖逍遙於門歌曰泰山其頹乎梁木其壞乎哲人其萎乎既歌而入當戶而坐因以泣下子貢聞之曰泰山其頹則吾將安仰梁木其壞哲人其萎則吾將安倣夫子殆將病也遂趨而入夫子曰賜爾來何遲也夏后氏殯於東階則猶在阼也殷人殯於兩楹則與賓主夾之也周人殯於西階則猶賓之也而丘殷人也予疇昔之夜夢坐奠於兩楹之間夫明王不作天下其孰能宗予予殆將死也後七日而没孔子年七十三以魯哀公十六年四月己丑卒

實周敬王之四十有二年也是時伯魚先卒孫子思少喪事咸備於子貢公西赤掌殯葬焉唅以疏米三貝襲衣十有一稱加朝服一冠章甫之冠佩象環經五寸而綦組綬桐棺四寸栢槨五寸飾牆置翣設披周也設崇殷也綢練設旐夏也兼用三王禮所以尊師且備古也哀公臨喪弔焉誄之辭曰旻天不弔不憖遺一老俾屏余一人以在位煢煢余在疚嗚呼哀哉尼父無自律葬於魯城北泗濱上藏入地不及泉而封爲偃斧之形高四尺樹松栢爲志焉羣弟子皆廬於墓行心喪三年畢相訣而去哭各盡哀皆失聲或復留惟子貢廬於塚上凡六年然後去弟子及魯

人往從塚而家者百有餘室因命曰孔里魯世世相傳以
歲時奉祠孔子塚而諸儒亦講禮鄉飲大射於塚上後世
因爲廟藏孔子衣冠琴履車書至於今二千餘年不絕聖
號歷代褒謚各殊廟祀天下郡縣學宮諸侯卿相及有司
至必先謁而後從政　天子釋奠皆以師禮祭拜尊以至
聖先師禮樂皆擬王者云

贊曰

道冠古今德配天地刪述六經垂憲萬世統承羲皇源
啓洙泗報德報功百王崇祀

宗子世表

第一代孔子

第二代鯉字伯魚孔子子景王十二年戊辰生魯哀公聘不應先孔子卒敬王三十八年巳未年五十宋封泗水侯從祀後改配啓聖祠

第三代伋字子思鯉子歷聘魯衞見重不仕卒年六十二一曰百有餘歲宋崇寧元年封沂水侯咸淳三年進封沂國公元至順二年加號沂國述聖公

第四代白字子上伋子不仕卒年四十九

第五代求字子家白子楚聘不應卒年四十五

第六代箕字子京求子爲魏相卒年四十六

第七代穿字子高箕子卒年五十一

第八代慎字子順一曰斌字子慎一曰謹字子謙穿子爲魏安釐王相辭位秦召之不應魏以孔子故封魯文信君年五十七生三子鮒騰樹

秦起始皇庚辰至二世壬辰

第九代鮒字甲一字子魚慎子始皇并天下召封爲魯國文通君拜少傅三十四年秦焚書遂隱於嵩山藏書於屋壁陳王涉起兵召爲博士拜太傅後陳滅死於兵年五十七　子隨承殷後爲宋公尋爵廢　隨四傳至吉復封殷紹嘉侯進爲公位諸王三公上尋改封宋公

子何齊嗣卒 子安嗣絕 東晉武帝大元十一年封其後

靖之爲奉聖亭侯 弟隱之嗣 傳惠長及子英哲陳

亡遂絕

漢起高帝乙未至平帝辛酉

第九代騰字子襄鮒之弟長九尺六寸類孔子高帝過魯

封爲奉祀君惠帝時爲博士遷長沙太守卒年五十七

第十代忠字子貞騰子文帝徵爲博士卒年五十七生二子

第十一代武字子威忠子文帝博士遷臨淮太守生二子延年安

國安國仕大將軍

第十二代延年字 武子武帝時爲博士拜少傅遷大

將軍卒年七十一

第十三代霸字次儒延年子昭帝時爲博士宣帝時以大中大夫授皇太子經遷詹事出爲高密相元帝初賜爵關內侯食邑百戶號褒成君卒年七十二謚曰烈

第十四代福霸子襲爵關內侯

第十五代房福子襲爵關內侯

第十六代均字長平房子初名莽避王莽諱改爲平帝尚書郎封褒成侯食邑二千戶卒年八十一

東漢起光武乙酉至獻帝庚午

第十七代志均子建武十四年拜大司馬襲封褒成侯卒

謚曰元

第十八代損字君益志子明帝永平十五年襲侯和帝永元四年改封褒亭侯食邑一千戶

第十九代曜字君曜損子襲褒亭侯

第二十代完曜子襲褒亭侯無子以嫡姪羨嗣

三國漢魏吳起辛未至甲申

第二十一代羨字子餘完弟讚之子魏文帝黃初元年拜議郎改封宗聖侯以曾縣百戶奉祀

西晉起武帝乙酉至愍帝癸酉

第二十二代震字伯起晉武帝泰始三年改封奉聖亭侯

食邑二千戸拜黃門侍郎太常卿卒年七十五

第二十三代嶷字功成震子襲侯卒年五十七

第二十四代撫嶷子舉孝廉辟太尉掾襲侯以豫章太守

卒

南北朝　東晉　宋　齊　梁　陳　魏　東魏
北齊　西魏　後周　起甲戌至庚子

第二十五代懿撫子東晉時拜從事中郎襲侯卒年六十

一

第二十六代鮮字鮮之懿子宋文帝元嘉十九年襲封奉

聖亭侯改封崇聖侯

第二十七代乘字敬山鮮子時曲阜屬北魏矣舉孝廉延

興三年封崇聖大夫食邑五百戶奉祀

第二十八代靈珍乘子授秘書郎孝文帝太和十九年仍

封崇聖侯食邑二千戶

第二十九代文泰靈珍子襲侯卒年五十八

第三十代渠文泰子襲侯北齊文宣帝天保元年改封恭

聖侯後周靜帝大象元年改封鄒國公食邑俱如故

第三十一代長孫渠子襲公卒年六十四

第三十二代英悊長孫子仍封奉聖侯無子

隋 起高祖辛丑 至恭帝丁丑

第三十二代嗣悊英悊弟隋文帝時仕爲涇州司兵參軍

遷太子通事舍人仍封鄒國公煬帝大業四年改封紹
聖侯食邑一千戶卒年七十

唐起高祖戊寅至哀帝甲子

第三十三代德倫嗣悊子唐高祖武德九年改封褒聖侯
食邑如故太宗貞觀十一年詔朝會位同三品卒年七
十一

第三十四代崇基德倫子中宗嗣聖十二年襲侯神龍元
年授朝散大夫卒年五十六

第三十五代璲之字藏暉崇基子元宗開元五年襲封褒
聖侯授四門博士郡王府文學蔡州長史二十七年改

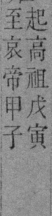

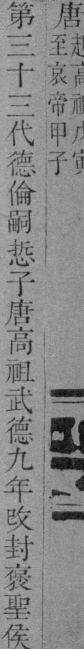

封文宣公食邑如故兼除兗州長史遷都水使者
第三十六代萱璲之子襲封文宣公行兗州泗水令
第三十七代齊卿萱子德宗建中三年襲公行兗州功曹
參軍轉青州司兵參軍李師道判陷於東平以卒
第三十八代惟晊齊卿子憲宗元和十三年東平平歸曾
授兗州司兵參軍襲封文宣公卒年六十五
第三十九代策惟晊子明經及第歷少府監主簿國子監
丞襲封文宣公遷國子博士卒年五十七時兵後有爵無祿宣宗大中元年以絹百縑充祭祀
第四十代振字國文策之子懿宗咸通四年狀元及第除

秘書省校書郎河東鹽運判官監察御史左補闕水部
員外郎襲封文宣公卒年七十四
第四十一代昭儉振子任南陵尉授廣文館博士兗州司
馬賜緋遷秘書省襲公行曲阜令卒年六十
第四十二代光嗣昭儉子以蔭補齋郎哀帝天祐二年以
兵典不得嗣公授泗水令主廟祀尋爲灑掃宗戸孔末
所害年四十二
五代　梁　唐　晉　漢　周
起乙丑　至已未
第四十三代仁玉字溫如光嗣子生甫九月而光嗣見害
母張氏逃出自賓抱之育於外家旣長曾人爲直於官

乃抵孔末罪仁玉年十九長七尺餘後唐時任曲阜令
襲封文宣公後周太祖廣德二年幸孔林召見賜五品
服兼監察御史卒年四十五贈兵部尚書號爲孔氏中
興祖

宋 起太祖庚申至幼主乙亥 遼金附

第四十四代宜字不疑仁玉子宋太祖乾德四年授曲阜
主簿遷廣州軍事推官司農丞領星子關市兼星子令
擢太子右贊善大夫襲封公進殿中丞從北征督餉卒
於巨馬河年四十六

第四十五代延世字茂先宜子以父死勤事賜同學究出

身授曲阜主簿歷閬縣長葛令襲封公行曲阜令卒年
三十八
第四十六代聖佑延世子九歲授同學究出身大中祥符
元年年十一從東封進太祝奉祀郎遷大理寺丞天僖
五年以光祿寺丞襲文宣公行仙源令即曲阜也遷贊善大
夫太子中舍卒年三十五無子
第四十六代宗愿延世次弟延澤子仁宗天聖中以叔父
道輔蔭補太廟齋郎遷國子監主簿寶光二年襲公行
仙源令至和二年改封衍聖公累遷尚書比部員外郎
通判灘州卒於官年六十三

第四十七代若蒙字公明宗愿子熙寧元年襲衍聖公元祐元年改奉聖公坐事廢

第四十七代若虛字公實宗愿次子元符元年襲奉聖公卒子不當嗣

第四十八代端友字子交若蒙子崇寧　年襲封衍聖公建炎　年扈高宗南渡寓三衢終郴州知州卒

第四十八代端操端友弟金權襲封衍聖公於曲阜主魯祠祀

第四十九代玠字錫老端友子（一說端友無子即端操之子）南宋紹興二年襲衍聖公於衢

第四十九代璠字文老端操子廢齊阜昌二年襲封衍聖
公於魯金皇統二年以齊廢議封而卒年三十八贈光
祿大夫
第五十代搢玠子高宗紹興二十四年襲衍聖公於衢
第五十代拯字元濟璠子金皇統二年七歲襲公於魯卒
年二十六無子以弟總承襲
第五十代總字元會璠次子金大定三年襲公於魯卒年
五十三贈光祿大夫
第五十一代文遠字紹先搢子宋熙寧四年襲公於衢
第五十一代元措字夢得總子金章宗明昌二年年十一

襲封公視四品授中議大夫十七行曲阜令遥授東平府通判遭蒙古亂從狩汴梁授太常博士行太常丞進知集賢院遥授泰定軍節度使兗州管內觀察等使兼行太常少卿遷光祿大夫太常卿癸巳金平蒙古仍封衍聖公歸里卒無子

第五十一代元用字俊卿端友弟端立之子琥琥子拂之次子也（拂長子名元孝）金遷都以元措從之汴寶慶元年元用權襲衍聖公於曾行仙源令主祀事二年攺濟州通判兼京東西道安撫司蒙古太師國王木華黎取山東仍封衍聖公從北征卒於軍

第五十二代萬春字耆年文遠子宋襲公於衢

第五十二代之全元用子宋命代父襲公於魯兼仙源令蒙古授封亦如之兼曲阜尹累階奉訓大夫金平還爵於元措止爲曲阜尹元措卒復襲封公卒年五十二

第五十二代之厚拂長子元孝之子贈亞中大夫魯郡侯卒

元起太祖丙寅至順宗乙亥

第五十三代洙字景清萬春子宋襲封衍聖公於衢元至元十九年宋亡召赴闕辭爵授國子監祭酒提舉浙東學校無子歸老於衢因正嗣絕南封遂罷

第五十三代湞元措之從子之固子端操之六世孫也襲封公八年宗人以不學攻斥之爲濰州尹以卒無子

第五十三代治字世安之全子奉直大夫知密州事成宗時襲封衍聖公行曲阜令事　子思誠不得嗣以朝列大夫濮州尹卒

第五十三代浣之厚子封魯郡侯

第五十四代思晦字明道端友之第三弟端立子琥琥子拂拂子元孝元孝子之厚之厚子浣之子也三氏學舉茂才授范縣教諭調寧陽仁宗朝襲之全爵衍聖公授中議大夫月俸鈔五百緡鈐四品印泰定四年授中議

大夫尋改給三品印卒年五十四贈中奉大夫河南江北等處行中書省叅知政事追封魯郡公謚文肅

第五十五代克堅字景夫思晦子後至元之元年襲封衍聖公六年進階中奉大夫從二品賜銀印召同知太常禮儀院以子希學襲公爵拜中臺治書侍御史改山東道肅政廉訪使起爲集賢直學士改禮部尚書知貢舉遷陝西行臺侍御史改國子祭酒謝病歸召爲賓善大夫集賢學士再起山東廉訪使俱不赴明洪武初元召之至京師待以賓禮而不名俾食公祿不視事卒年五十五

明起太祖戊申至懷宗甲申

第五十六代希學字士行克堅子後至元十五年因父遷秩詔襲公爵兼秘書卿洪武元年改賜階資善大夫正二品別給銀印每入朝班亞上相始至中使勞慰館饋殊等卒年四十七賜祭

第五十七代訥字言伯希學子洪武十七年襲封公詔不稱資善大夫銜以玉軸誥文給之時革丞相每入朝令列文臣首卒年四十三賜祭

第五十八代鑑字昭文訥子建文四年襲公明年卒賜祭時永樂尚在燕藩亦遣使致祭

第五十九代彥縉字朝紳鑑子名字皆仁宗所命十歲襲封公上特遣太監金英等郊迎館穀諭賜大紅正一品服一襲服入朝班列文臣首賜第東安門北每日遣中使供給羊酒併金鈔二萬貫及歸詔文武大臣郊餞以賓禮送之代宗景泰元年帝視學召入觀禮賜金鑲犀帶大紅鶴袍三年來朝復賜三臺銀印織金麒麟服白玉束帶卒年五十五諭祭治喪葬賻卹優厚

第六十代承慶字永祚彥縉長子未襲先卒年二十一景泰六年追贈衍聖公

第六十一代弘緒字以敬承慶長子景泰六年八歲襲公

賜鶴袍玉帶如例以其軀小去二袴俾藏之以爲榮成
化中坐事削爵弘治中詔復冠帶卒年五十七
第六十一代弘泰字以和承慶次子兄弘緒奪爵時緒子
聞韶尚在襁褓成化十七年代兄襲公時上加先聖廟
祭禮樂孝宗初上幸太學俱詔入觀禮賜宴冠帶如例
又改賜第于慶壽寺之北卒年五十四賜諭祭者五勑
工部營葬
第六十二代聞韶字知德弘緒子弘泰卒法當襲爵以弘
治十六年封公上賜麒麟服白玉帶黃金盆正德初上
幸太學召入觀禮賜宴冠服鞾帶寶鈔如故事嘉靖初

上兩幸太學召賜亦如之卒年六十五賜祭葬加禮

第六十三代貞幹字用濟聞韶子嘉靖二十五年襲公賜勑約束其宗人以入朝卒于京師年三十有八上命禮部尚書賜祭凡九工部治葬行人護喪歸

第六十四代尚賢字象之貞幹子嘉靖三十五年以父卒京師即命襲爵時方穉齔勑山東撫按諭其族人謹視之隆慶中始受命視事神宗初入朝賜宴優賚加厚卒年五十八賜祭如禮　子亂椿字懋齡未襲先卒以嫡姪亂植嗣爵

第六十五代亂植尚賢之姪天啓中襲公加太子太傅懐

宗六年入朝賜宴冠帶輿服並加一等旋進少保甲申

歲卒　國朝順治二年詔封太子太傅仍爵衍聖公

皇清起

第六十六代興燮字對寰胤植子順治二年襲封衍聖公

入朝位次貝勒貝子進少保兼太子太保賜第甚盛勑

百官慰安

第六十七代毓圻字昱宸興燮子康熙十三年襲封衍聖

公朝覲禮畢

皇上以其年幼命左右大臣掖之登　殿賜宴賜坐蟒貂金

銀鞍馬各一事仍加太保兼太子太保至康熙二十三

年甲子

法駕東巡駐蹕闕里復加太子太師賜曲柄龍蓋一大蟒袍

一

聖澤之遠

帝眷之隆蓋至此而無以加矣

國學禮樂錄卷之二

國學禮樂錄卷之三

列傳四配

復聖顏子

顏子名回字子淵魯人邾國之後也武王克商封陸終之裔曹挾於邾其後懿甫顏有功於周子友居郳封小邾爲魯附庸因以顏爲氏世爲魯卿士友子爽數傳至無繇娶齊姜氏生回天姿明睿甫成童卽從於孔門少孔子三十九歲篤學造道家貧居於陋巷簞食瓢飲人不堪其憂而顏子不改其樂及門受業者三千人獨稱顏子賢曰回也其庶乎屢空又曰回也非助我者也於吾言無所不說蓋

其天姿學力未達聖人一間故孔子平日每屬望以傳道之任定公十五年從孔子適衛過陳道經於匡匡人見夫子以爲陽虎率徒圍之顏子與夫子相失旣而匡人知爲孔子圍乃解顏子始追及焉夫子曰吾以女爲死矣對曰子在回何敢死魯哀公壬子從孔子適蔡楚昭王以幣聘孔子孔子將往會陳蔡大夫發徒役圍孔子於野絕糧七日子路慍見孔子講頌絃歌不衰顏子入見孔子曰回詩云匪兕匪虎率彼曠野吾道非耶吾何爲於此顏子曰夫子之道至大故天下莫能容雖然夫子推而行之不容何病不容然後見君子夫道之不容是吾醜也道脩而不用

是有國者之醜也不容何病不容然後見君子孔子欣然而笑曰有是哉顔氏之子使爾多財吾爲爾宰明年癸丑復從孔子反乎衛又明年甲寅乃反乎魯顔子之爲人天質之美下聖人一等而其深潛純粹之氣渾然不露圭角識者擬之和風慶雲且聞道又最早觀其喟然嘆曰仰之彌高鑽之彌堅瞻之在前忽焉在後聖道之所謂神惟顔子體認最切有非他人所能言者旣而又曰夫子循循然善誘人博我以文約我以禮明善誠身之學顔子葢眞積而力行之逮夫欲罷不能旣竭吾才如有所立卓爾雖欲從之末由也已此則所謂大而化焉進此則神不可知矣

是故問爲邦夫子則語以治天下之道問仁子曰克已復禮爲仁其傳授心法切要之言惟顏子始得聞之故夫子曰回之爲人也擇乎中庸得一善則拳拳服膺而弗失之矣又曰回也其心三月不違仁魯哀公丙辰顏子年二十九髮盡白越三年已未年三十二卒夫子哭之慟曰噫天喪予天喪予悼道無傳若天喪已也他日見於哀公問弟子孰爲好學孔子對曰有顏回者好學不遷怒不貳過不幸短命死矣今也則亡未聞好學者也厥後嘗思之曰自吾有回門人日益親又曰惜也吾見其進也未見其止也其繫大易至復之初九曰顏氏之子其殆庶幾乎卒葬魯

城東防山之陽娶宋戴氏生子歆自漢明帝以來祀孔門弟子七十二人顏子位皆第一至魏正始二年詔以大牢祀孔子於辟雍以顏子配北魏孝文帝太和十九年拜顏氏二人官唐太宗貞觀二年躋稱先師睿宗朝贈太師開元二十七年封兗公宋真宗祥符二年加封兗國公元文宗至順元年追贈兗國復聖公至明景泰三年令顏氏嫡孫世爲五經博士至嘉靖九年議去封爵表稱復聖顏子博士襲爵如舊方今

聖天子在上表章封䕃典禮有加上有崇儒重道之

君下有象賢繼武之臣顏氏之裔其誠應運而典蔚然廊廟

者乎猗歟休哉

贊曰

天稟純粹一元之春精金美玉和風慶雲博文約禮超

入聖門百王治法萬世歸仁

宗聖曾子

曾子名參字子輿魯南武城人鄫國之後也禹孫少康封其次子曲烈於鄫經殷周革命封國不易至魯襄公六年甲午鄫人莒人滅鄫鄫世子巫奔魯遂去邑而爲曾氏（去邑去傍阝也）巫後數傳至點點生參少孔子四十六歲孔子在楚奉父之命之楚而受學焉性至孝家貧食力敝衣躬耕日

不舉火而歌聲若出金石魯君聞而致邑焉固辭不受甘貧樂道力食以養親每食必有酒肉將徹必請所與問有餘必曰有意在樂親之志也平居常耘瓜誤斬其根父晳援杖擊之仆地有頃而蘇蹷然而起進曰大人得毋傷乎退鼓瑟而歌欲父聽而知其平也夫子聞之曰委身以待暴怒陷父不義孝如之何曾子曰參罪大矣遂造孔子謝過及後出薪於野客至家母以手搤臂曾子卽馳至問母臂何恙母言客至搤臂以呼汝耳前南遊楚時一日忽心動卽白夫子告歸拜見母母曰吾曩者思汝遂齧其指子知之乎曾子以心動告夫子聞之曰至哉曾參之孝也精

感萬里年二十齊欲聘以爲卿不就曰吾父母老食人之祿則憂人之事吾不忍遠親而爲人役也耕於泰山嘗雨雪不得行思父母作梁父吟焉及其學於聖門賦性椎魯顓悟遠不逮顏氏子然日三省其身於聖人之道每事必身體而力行之以求至乎其極故孔門一貫之傳惟曾子獨得其宗又復潛心禮記與孔子論辨凡王朝家國之禮經常權變之宜靡不反覆詳詰嘗侍坐孔子與論明王七教三至之道曾子再拜受教既而母卒事後母愈敬謹及門推其純孝孔子乃與之講明孝道自天子至於庶人莫不各有當盡之道爰著爲孝經一書以授曾子年二十七

計事夫子僅十年而孔子已卒廬於冢上服心喪三年他日子夏子張子游以有若似聖人欲以所事孔子事之彊曾子曾子曰不可江漢以濯之秋陽以暴之皜皜乎不可尚已乃自設教於南武城公明宣陽膚之徒從學者甚衆爰著爲大學一書以授孔子之孫子思而聖門之傳於此乃有統系蓋曾子之爲人敦厚質實其學專以躬行爲主而其制行立身又專以輕富貴守貧賤不求人知爲大諸凡垂教立言皆以忠信誠實爲本是以從之遊者所聞雖或甚淺亦不失爲謹厚脩潔之人所記雖或甚疎亦必有切於日用躬行之實行年三十祇事後母侍養不衰妻蒸

梨不熟曾子怒曰此小物耳而不用命況大事乎遂出之其子元請再娶曾子曰昔高宗以後妻殺孝己尹吉甫以後妻放伯奇我上不及高宗中不及吉甫庸能免於非乎遂終身不娶厥後親沒南遊於越仕爲大夫嘗嘆息曰吾嘗仕爲吏祿不過鍾釜猶欣欣而喜者樂道養親也今仕於越得尊官堂高九仞轉轂百乘然猶北向而泣者悲不見吾親也每讀喪禮泣下沾襟曰往而不可返者親也木欲靜而風不休子欲孝而親不待是故椎牛而祭不如雞豚之逮親存也其孝思之誠至於如此年六十三疾病召門弟子曰啓予足啓予手詩云戰戰兢兢如臨深淵如履

薄氷而今而後吾知免夫小子蓋其平日嘗引夫子所言身體髮膚受之父母不敢毀傷重自保守其身及其將死因以其所保之全示門人遂言其所以保之之難如此至於將死而後知其得免於毀傷也既而疾篤曾元抱首曾華抱足曾子曰夫華多實少者天也言多行少者人也夫飛鳥以山爲卑而層巢其顛魚鼈以淵爲淺而穿穴其內然所以得者餌也君子苟能無以利害身則辱安從至乎官怠於宦成病加於小愈禍生於懈惰孝衰於妻子慎之哉既而明夕樂正子春坐於牀下曾元曾華坐於足童子執燭隅坐童子曰華而晥大夫之簀歟子春曰止曾子聞

之瞿然曰斯季孫之賜也我未之能易也元起易簀元曰夫子之病革矣不可以變也幸而至於旦請敬易之曾子曰爾之愛我也不如彼君子之愛人也以德細人之愛人也以姑息吾何求哉吾得正而斃焉斯已矣反席未安而卒葬於魯南武城境夫子嘗稱之曰孝德之始也弟德之序也信德之厚也忠德之正也參行夫四德者也自漢以來從祀孔子位次十哲至唐高宗追贈太子少師加太保躋配享位次顏子封郕伯宋改武城侯旋加郕國公元加宗聖郕國公明嘉靖九年改稱宗聖曾子十八年詔以嫡孫世爲翰林院五經博士如顏孟二氏例至今

皇上復加意表章絲綸褒贊儒臣寵秩休命世承斯文未墜將與天地無紀極也非至孝而爲大賢親承聖道之寄者烏能食報如此其至者乎

贊曰

守約以博學恕以忠聖門之傳獨得其宗一貫之旨三省之功格致誠正萬世所宗

述聖子思子

孔伋字子思伯魚之子孔子之孫也父早卒逮事王父潛心力學研究性命之理毅然以斯道爲己任年十六適宋宋大夫樂朔與之言學樂朔不悅率其徒攻之遂圍子思

宋君聞之駕而救子思乃免於是反魯哀公壬戌孔子卒子思承父之重服喪三年遂受業於曾子曾子嘗謂之曰伋吾執親之喪也水漿不入口者七日子思曰先王之制禮也過者俯而就之不及焉者跂而及之故君子之執親喪也水漿不入口者三日杖而後能起焉君子以爲知禮繆公即位以公儀休爲政泄柳子思爲臣公問曰何道可以利民子思曰君有惠百姓之心則莫如除一切非法之事毀不居之室以賜窮民奪嬖寵之祿以賑困匱無令人有悲怨而後世有聞見抑亦可乎繆公終不能用自是致爲魯臣退而脩講授之業述父師之意作爲中庸爰筆之

書以授孟子其書始言一理中散爲萬事末復合爲一理
放之則彌六合卷之則退藏於密故曰中者天下之正道
庸者天下之定理乃孔門傳授心法其味無窮皆實學也
蓋其得統於夫子者如此後復遊於衛衛亦卒不能用乃
復反魯時魯康公之丙子子思年蓋六十矣越二年戊寅
卒於家葬先聖墓南數十步宋徽宗崇寧元年封爲沂水
侯大觀二年從祀先聖端平二年詔升祀堂上列於十哲
之閒度宗咸淳三年加封沂國公躋配享元文宗至順元
年加贈沂國述聖公明武宗正德元年詔以衍聖公嫡次
子世襲翰林院五經博士奉子思祀世宗嘉靖九年改稱

述聖子思子　國朝因之至

今上甲子

駕幸曲阜詣　先聖墓大賚孔氏宗族復賜爲生員者孔毓璋等四人官恩禮之篤曠古未有先聖一脈以大聖而啓

大賢夫所謂

上帝眷命爲萬世師者有子之言曰自生民以來未有盛於

夫子者也信矣夫

贊曰

精一之傳誠明之學聖門嫡泒斯道有托發育洋洋鳶飛魚躍慎獨之訓示我先覺

亞聖孟子

孟子名軻字子輿一字子車魯公族孟孫之後也世居於鄒故爲鄒人父激公宜娶仉氏夢神人乘雲攀龍鳳自泰山來將止於嶧凝視久之忽見片雲墜而寤時閭巷皆見五色雲覆孟氏居而孟子生焉三歲喪父母賢德挾其子以居始舍近墓孟子之少也嬉戲爲墓間事踴躍築埋孟母曰此非所以居子也乃去舍市乃嬉戲爲賈衒事母曰亦非所以居子也遂徙舍學宮之旁其嬉戲乃設俎豆揖讓進退母曰此眞可以居子矣遂居之稍長就學而歸母方織問曰學何所至矣孟子曰自若也母以刀斷其織孟

子懼跽問其故母曰子之廢學若我斷斯織矣孟子懼旦夕勤學不息既長乃於魯請見子思子思與之語甚悅其志年二十娶妻田氏自是學於東魯道既通將聘列國時周顯王之三十三年乙酉值梁惠王甲辭厚幣以招賢者於是至梁王問利孟子道仁義王問雪耻孟子告以安民王以爲迂遠而濶於事情不能用也遂客於魏都王寅惠王卒子襄王立孟子一見之知其不足有爲遂去魏適齊見宣王宣王以爲上卿於始見首問以霸功孟子爲陳王道而王道之要曰保民保民之道曰以不忍人之心行不忍人之政擴而充之足以王天下保四海親賢樂利教養

禮樂唐虞三代之治可坐而致當此之時宣王頗好文學遊說之士而孟子所言不過曰孝弟仁義而已初不爲曲學以阿世也王亦疑其迂濶亦不能用孟子因不受職爲臣王遂以爲客卿初宣王十七年乙巳燕王噲讓國於其相子之國大亂齊王因欲倂燕遂有其國孟子曰不可夫燕虐其民王往而征之民以爲將拯巳於水火之中也若殺其父兄繫累其子弟毀其宗廟遷其重器倍地而不行仁政是動天下之兵也王速出令反其旄倪止其重器謀於燕衆置君而後去之則猶可及止也孟子屢說齊王而不悅於是去齊反魯未幾母卒歸葬魯焉後魯平公以樂

正子言將見孟子嬖人臧倉沮之自是之宋之滕之任皆以國小不能行其道而孟子獨以宣王可與有爲之資始終惓惓於齊然齊王頗見嚴憚隆以賓師而未得所以尊禮之道當是之時天下方務於合縱連橫以攻伐爲賢而處士楊朱墨翟爲我兼愛之言盈天下孟子乃述唐虞三代之德是以所如不合遂於宣王之末年致爲臣而歸退而與及門萬章公孫丑之徒序詩書述仲尼之意作孟子七篇爲文三萬餘言（趙氏曰凡二百六十一章三萬四千六百八十五字）生平教人學問無非欲人專求放心而自其造道入聖之本體有非後儒所能及者則曰仁義天性非由外鑠又曰愛親敬長

良知良能又曰我知言我善養吾浩然之氣又曰仁人心也義人路也舍其路而弗由放其心而不知求哀哉又曰夫義路也禮門也惟君子能由是路出入是門也大抵戰國之世運丁周衰人不知有正學處士橫議儒墨異同之辨起是非相勝非一日也獨孟子以剛明睿智之才出於道學陵彝之後非堯舜之道不陳於王前非孔子之行不行於身思以道援天下紹復先王之舊緒以正人心息邪說距詖行放淫辭其自任可謂至矣然天下諸侯王方惑於功利恃强挾衆而驟以仁義之言誘之宜其視爲迂濶而不足於用也故轍環於齊魯晉宋之郊而道終不行亦

其勢然矣然當世衰道微雖膏澤不下於民其志不施於事業而無君無父之教不行於天下而民免於禽獸則其爲功不小矣韓子謂孟子之功不在禹下洵足爲知言也年七十四卒於家生子名睪字仲子葬於鄒縣東三十里四基山之西麓宋神宗元豐六年追封鄒國公七年配享孔子元文宗至順元年加贈鄒國亞聖公明景泰三年官其嫡孫世爲五經博士世宗嘉靖九年改稱亞聖孟子

國朝因之方今

聖天子崇道重儒兩

幸闕里　駐蹕鄒嶧特出

宸鑒以孟子命世亞聖之才有功聖道甚大屢降
德音脩飭林墓蔭其苗裔眷禮特隆豈不偉哉

贊曰

哲人既萎亞聖斯作距詖闢邪正論諤諤堯舜之性仁
義之學烈日秋霜泰山喬嶽

國學禮樂錄卷之三

國學禮樂錄卷之四

列傳十哲

先賢閔子 東五哲

閔子名損字子騫魯人少孔子五十歲天性純孝爲人容貌端潔而表裏洞然幼喪母爲後母所苦冬月以蘆花衣之以代絮其所生二子則衣之以綿父嘗令騫御車體寒失轡父責之騫不自理引咎而已既而父察知之欲出後母騫跽言曰母在一子單母去三子寒父嘉其言遂止母亦悔悟待三子如一焉年甫弱冠即從事聖門坦然樂道而忘勢終身不仕大夫不食汚君之祿季氏召爲費宰弗

往謝使者曰善爲我辭焉如有復我者則吾必在汶上矣及居親三年喪畢見於孔子與之琴使之絃切切而悲作而曰先王制禮不敢過焉孔子曰閔損哀未盡能斷之以禮不亦君子乎家語曰閔子以德行著名夫子稱其孝焉卒葬鶱山之南唐元宗開元八年從祀孔子二十七年追封費侯宋眞宗祥符二年加封瑯琊公度宗咸淳三年改封費公明世宗嘉靖九年改稱先賢閔子　國朝因之我

皇上德合舜文性成仁孝於康熙三十八年

巡狩方岳駐蹕闕里注念先賢閔子純孝無間冠哲孔門

爰出

睿裒覃錫閔氏嫡孫衍籀世襲博士一員如仲氏秉貞一

例

聖恩所及潛德益光斯其為以天爵寵先賢而以仁孝風

天下者乎於乎至矣

贊曰

子騫達者閔閔成性德冠四科孝先百行人無間言道

亦幾聖公袞增封均乃天慶

先賢冉子

冉子名雍字仲弓伯牛之宗族也少孔子二十九歲以德

行著名嘗問仁子曰出門如見大賓使民如承大祭己所

不欲勿施於人在邦無怨在家無怨仲弓曰雍雖不敏請事斯語矣簉仕於魯問刑政之用聽訟之方獄成及禁之事他日爲季氏宰問政子曰先有司赦小過舉賢才曰焉知賢才而舉之曰舉爾所知爾所不知人其舍諸葢仲弓之爲人寛洪簡重而短於口才故或人以仁而不佞少之而夫子獨許之以可使南面仲弓因問子桑伯子子曰可也簡仲弓曰居敬而行簡以臨其民不亦可乎居簡而行簡無乃太簡乎子曰雍之言然没於魯唐開元中從祀廟庭追封薛侯宋祥符中加封下邳公明嘉靖中改稱先賢冉子　國朝因之

先賢端木子

端木子名賜字子貢衛人也少孔子三十一歲爲人通達而辯名聞於諸侯少從事孔子嘗鬻貨於曹魯之間七十子之徒賜最爲饒益每有億度輙中當世之務所言無不應者故夫子嘗曰賜不受命而貨殖焉億則屢中然及門所稱聰明穎悟之士自顏子而外惟子貢一人是以夫子恒以回與賜相比絜之嘗問於夫子曰賜也何如子曰女器也曰何器也曰瑚璉也定公十二年癸卯從夫子遊於衛衛用以宰信陽將行辭於孔子孔子曰勤之慎之治民莫若平臨財莫若廉廉平之守不可攻也匿人之美斯爲

蔽賢揚人之惡斯爲小人內不相訓而外相謗非親睦也言人之美若已有之言人之惡若已受之擇言出之令口如耳故君子無所不愼焉子貢再拜受教以行十四年乙巳仕於魯爲大夫明年丙午邾隱公來朝子貢觀焉邾子執玉高其容仰定公受玉卑其容俯子貢曰以禮觀之二君者皆將死亡焉夫禮生死存亡之體將左右周旋進退俯仰於是乎取之朝祀喪戎於是乎觀之今正月相朝而皆不度心已忘矣何以能久高仰驕也卑俯替也驕近亂替近疾君爲主其先亡乎夏五月定公卒後邾子奔齊孔子曰賜不幸而言中也丁未哀公元年從夫子將西適晉

及河聞趙鞅之殺二大夫也遂執靮以告孔子曰丘聞之刳胎殺夭則麒麟不至其郊覆巢破卵則鳳凰不翔其邑鳥獸之於不義尚知避之況於人乎遂不濟而返復居於衛明年戊申衛世子蒯聵與出公輒爭國子貢以爲亂邦不居乃從夫子復反於魯癸丑七年公會吳於鄫吳太宰嚭召季康子康子使子貢辭焉十二年公會吳於橐皋吳子使太宰嚭請尋盟公不欲使子貢對焉乃不尋盟鄖之會衛辭吳盟吳人藩衛侯之舍子貢乃束錦以行見太宰嚭嚭乃舍衛侯十五年魯及齊平子服景伯如齊子貢爲介反仕於魯魯國之法贖人臣妾於諸侯者皆取金於府

子貢贖之辭不受金孔子聞之曰賜失之矣自今以往魯國不復贖人於諸侯矣子貢聞而謝之十六年辛酉孔子卒哀公誄之子貢曰君其不沒於魯乎生不能用死而誄之非禮也稱予一人非名也君再失之哀公卒死於越子貢之爲人明敏才辯亞於大賢自受學聖門結駟連騎束幣帛以聘享諸侯所至國君無不分庭與之抗禮及其晚年益自進德親受一貫之傳觀其嘆曰夫子之文章可得而聞也夫子之言性與天道不可得而聞也其稱夫子者曰見其禮而知其政聞其樂而知其德由百世之後等百世之王莫之能違也自生民以來未有夫子也曉叔孫州

仇曰譬之宮墻夫子之墻數仞不得其門而入不見宗廟之美百官之富又曰他人之賢者丘陵也猶可踰也仲尼日月也無得而踰焉語陳子禽曰夫子之不可及也猶天之不可階而升也夫子之得邦家者所謂立之斯立道之斯行綏之斯來動之斯和其生也榮其死也哀如之何其可及也其見道之深信聖之篤至於如此則游夏之徒亦莫能及殆不特居言語之科而已孔子沒喪事皆主於子貢服心喪三年喪畢羣弟子相訣去則哭各復盡哀或復留惟子貢廬於冢上凡六年然後去歷相魯衛而終於齊所著有詩傳一卷唐元宗時從祀廟庭追封黎侯宋眞宗

加封黎陽公度宗改封黎公明嘉靖中改稱先賢端木子

國朝因之至康熙三十八年我

皇上法駕南巡

覃恩闕里追念先賢端木親承一貫性道與聞又其功在

聖門尊師翊道服勤不衰爰降

德音勑以裔孫謙與閔氏衍籀同世襲五經博士

新恩所播歡動宮墻豈非在先賢爲百世之榮光而在

今日爲千秋之曠典者乎猗歟至矣

先賢仲子

仲子名由字子路魯之汴人也少孔子九歲性孝勇有强

力志抗直初見孔子冠雄雞冠佩豭豚拔劒而舞之曰古之君子固以劒自衛乎孔子曰古之君子忠以爲質仁以爲衛不出環堵之室而知千里之外有不義則以忠化之侵暴則以仁固之何待劒乎子路曰由乃今聞此言請攝齊以受教遂儒服委質因門人請爲弟子他日鼓琴孔子聞之謂冉有曰夫先王之制音也奏中聲以爲節流入於南不歸於北故君子之音溫柔居中以養生育之氣乃所謂治安之風也小人之音則不然亢厲微末以象殺伐之氣乃所以爲亂亡之風也昔者舜彈五絃之琴歌南風之詩其興也勃焉紂好爲北鄙之聲其廢也忽焉今由也曾

無意於先王之制而習亡國之音豈能保其七尺之軀哉冉有以告子路懼而自悔靜思不食以至骨立夫子曰過而能改其進矣乎他日從孔子遊於農山顔子子貢與焉詔以言志子路曰由願赤羽若日白羽若月鐘鼓之音上震於天旂旗繽紛下蟠於地由當一隊而敵之必也攘地千里搴旗執馘唯由能之夫子曰勇哉旣而適衞行辭於夫子請以言贈子曰不彊不達不勞無功不患無親不信無從不恭無禮愼此五者而已子路受敎以行遠歸而親沒見於孔子曰傷哉貧也生無以爲養死無以爲禮也子曰啜菽飲水盡其歡心斯謂之孝乎斂手足形旋葬而無

槨稱其財爲之禮貧何傷乎居喪三年哭泣哀毀容骨枯槁夫子教之以無過情而適禮魯昭公十九年從孔子一車兩馬以適周廟有欹器焉孔子使子路取水試之滿則覆中則正虛則欹孔子喟然而嘆曰嗚呼烏有滿而不覆者哉子路曰敢問持滿有道乎子曰持滿之道抑而損之德行寬裕守之以恭土地廣大守之以儉位祿尊盛守之以卑人衆兵強守之以畏聰明睿知守之以愚彊記博聞守之以淺夫是之謂抑而損之也子路正容而嘆曰至哉言乎二十五年從孔子如齊與聞韶樂定公元年反魯八年公山弗擾以費畔召子欲往子路止之明年庚午孔子

爲魯司冠使子路爲宰墮三都收其甲兵叔孫氏墮郈季氏墮費孟氏之宰公歛陽獨不肯墮成圍之弗克旣而爲季氏宰季氏祭逮昏而奠終日不足繼以燭有司不敬跛倚以臨他日祭子路與焉室事交於戶堂事交於階質明而始行事晏朝而徹孔子聞之曰孰謂由也而不知禮是時魯有溺者子路拯之其家拜之以牛子路弗受孔子曰魯人必不拯溺矣子路曰由聞諸夫子曰人者天地以之生物爲心也非圖報也子曰是也前言戲之耳十四年齊人歸女樂以阻孔子子路促之行遂去之衛適宋匡人簡子見孔子以爲陽虎以甲士圍之子路怒奮戟欲與之戰

孔子止之曰夫詩書之不講禮樂之不脩是丘之過也若以述先王好古法而爲咎則非丘之罪也命之歌子路彈琴而歌孔子和之三終而圍解遂過宋適鄭至陳留三年適衞主顔讐由家如晉不果復從夫子自陳適蔡如葉葉公問以孔子子路不對既復反蔡時楚昭王聘孔子陳蔡大夫圍之絶糧七日夫子鼓琴而歌子路援戚而舞三終而出明日免於厄復去楚反衞孔子主蘧伯玉家衞以子路爲蒲宰三年孔子過之稱善者三既而反魯爲哀公之十四年時小邾射以句繹奔魯曰使子路要我吾無盟矣使子路子路辭季康子使冉有謂之曰千乘之國不信其

盟而信子之一言子何辱焉對曰魯有事於小邾不敢問故死其城下可也彼不臣而濟其言是義之也由弗能矣嘗見於孔子曰負重致遠者不擇地而休家貧親老者不擇祿而仕昔者由事二親之時常食藜藿之食爲親負米百里之外親沒之後南遊於楚從車百乘積粟萬鍾累茵而坐列鼎而食願食藜藿爲親負米之時而不可得也枯魚啣索幾何不蠹二親之壽忽若過隙草木欲長霜露不使賢者欲養二親不待言訖泣下嗚咽沾襟子曰由也事親可謂生事盡力死事盡哀者也厥後仕於衞衞莊公方與輒爭國夫子語以正名子路未喻於出公十三年爲孔

悝宰莊公因孔姬以入於孔氏迫孔悝强盟之遂刼以登臺欒寧將飲酒炙未熟聞亂使告子路召獲駕乘車行爵食炙奉出公以犇魯子路將入遇子羔將出曰門巳閉矣子路曰吾姑至焉子羔曰弗及不踐其難子路曰食焉不避其難子羔遂出子路入及門公孫敢門焉曰無入爲也子路曰是公孫也求利焉而逃其難由不能也有使者出乃入曰太子焉用孔悝雖殺之必或繼之且曰太子無勇若燔臺必舍孔叔太子聞之懼下石乞壺黶敵子路以戈擊之斷纓子路曰君子死纓不免遂結纓而死孔子聞衛亂曰柴也其來由也死矣巳而果死孔子哭之痛曰自吾

有由惡言不入於耳於是哭子路於中庭有人弔者孔子拜之既而衛使者至進使者而問故使者曰醢之矣遂命覆醢大約子路之爲人英斷果決而勇於有爲故魯論記之曰子路有聞未之能行唯恐有聞又曰子路無宿諾夫子稱之曰片言可以折獄者其由也歟又曰由也升堂矣未入於室也孟子曰子路人告之以有過則喜曾西之言曰吾先子之所畏也子路葬於蒲其子崔既長白孔子欲報父仇夫子曰行矣狐黶知之曰君子之勇不掩人之不備須後日於城西決戰其日黶持蒲弓木戟與崔戰而死唐開元中從祀孔子追封衛侯宋眞宗加封河內公度宗

改封衛公明嘉靖中改稱先賢仲子　國朝因之至我
皇上
天縱聖明特出　睿鑒以仲子追隨　先聖周流車馬跋涉
未嘗暫離其衛道之功獨多爰出曠典詔以仲子嫡孫世
襲五經博士一人如顏孟四氏例載在
勅命與天匹休嗚呼崇德報功固
帝王之盛典而承休膺命亦賢哲之光榮仲子在天之靈千
九百餘年亦可以大慰矣夫嗚呼烈哉

先賢卜子

卜子名商字子夏衛人少孔子四十四歲受業於夫子篤

信謹守以文學著名家貧衣若懸鶉見於夫子問曰詩云豈弟君子民之父母何如斯可謂民父母矣孔子曰必達於禮樂之原以致五至而行三無此之謂民之父母矣子夏曰何謂五至孔子曰志之所至詩亦至焉詩之所至禮亦至焉禮之所至樂亦至焉樂之所至哀亦至焉哀樂相生志氣塞乎天地此之謂五至子夏曰何謂三無子曰無聲之樂無體之禮無服之喪此之謂三無子夏曰敢問何詩近之乎子曰夙夜基命宥密無聲之樂也威儀棣棣不可選也無體之禮也凡民有喪匍匐救之無服之喪也奉三無私以勞天下天無私覆地無私載日月無私照奉此

三者以勸天下此三王之德所以叅於天地也子夏蹶然而起負墻而立曰弟子敢不承命乎他日孔子讀易至於損益喟然而嘆子夏避席問曰夫子何嘆焉孔子曰夫自損者必有益之自益者必有決之是以嘆也子夏曰然則學者不可以益乎孔子曰非道益之謂也道彌益而身彌損夫學者損其自多以虛受人故能成其滿博哉天道成而必變凡持滿而能久者未嘗有也日中則昃月中則缺天地盈虛與時消息是以聖人不敢當盛調其盈虛不令自滿所以能久也子夏曰商請志之而終身奉行焉他日讀詩既畢孔子問曰爾亦何大於詩也對曰詩之於事也

昭乎若日月之明燎乎若星辰之爛上有堯舜之道下有三王之義雖居蓬戶之中彈琴以咏先王之風亦可以發憤忘食矣子曰嘻商也始可與言詩已矣哀公八年甲寅始仕於魯爲莒父宰問政子曰無欲速無見小利欲速則不達見小利則大事不成他日見於哀公公問安國保民之道既又問夫子以世子之禮及喪禮蓋子夏學於聖門規模窄狹而氣象謹嚴故嘗問孝夫子語以色難又嘗謂之曰女爲君子儒無爲小人儒然至於篤信聖人質實謹守有非凡爲學者所能及觀其論學曰賢賢易色事父母能竭其力事君能致其身與朋友交言而有信雖曰未學

吾必謂之學矣又曰博學而篤志切問而近思仁在其中矣又曰百工居肆以成其事君子學以致其道論仕曰仕而優則學學而優則仕信而後勞其民未信則以爲厲巳也信而後諫未信則以爲謗巳也其造道立言至於如此所以夫子嘗有言曰吾死之後則商也日益賜也日損曾子曰何謂也子曰商也好賢巳者處賜也說不若巳者處故曰與正人居如入芝蘭之室與不正人居如入鮑魚之肆久而與之俱化矣是以君子必愼所與處也年二十八孔子卒服心喪三年歸教授於西河西河之民疑以爲孔子後返於衛見讀史志者曰晉師伐秦三豕渡河子夏曰

非也巳亥耳讀者問諸晉史果然於是衛人皆相信曰子夏聖人也年四十五戊寅遊於魏文侯師尊之與田子方段干木西門豹之徒相佐致治文侯嘗問之曰吾端冕而聽古樂則唯恐卧聽鄭衛之音則不知倦敢問古樂如彼新樂如此何也子夏曰君所聞者樂也所好者音也樂與音相近而不同君之所好其溺音乎文侯曰敢問溺音從何出也子夏曰鄭音淫志宋音溺志衛音煩志齊音驕志此四者皆淫於色而害於德是以祭祀弗用也文侯曰信哉厥後因道不行乃退老於西河喪其子哭之失明曾子弔而讓之子夏投其杖而拜曰吾過矣吾過矣吾離羣而

索居亦已久矣子夏習於詩能通其義著爲爾雅相傳今毛詩序子夏之遺說也或曰子夏受易春秋於孔子公羊穀梁皆從之學春秋者也又禮喪服一篇子夏傳之唐太宗貞觀二十一年從祀廟庭元宗二十七年追封魏侯宋眞宗大中祥符二年加封河東公度宗咸淳三年改封魏公明世宗嘉靖九年改稱先賢卜子　國朝因之

先賢冉子 西五哲

冉子名耕字伯牛魯人少孔子七歲以德行稱亞於顏閔定公十年辛丑孔子爲司空以伯牛爲中都宰布教施化四方則之嘗從阨於陳蔡之閒餓甚而儒服彈咏不輟嘗

設教於洛終身不仕不幸而遘惡疾孔子往問之自牖執其手曰亡之命矣夫斯人也而有斯疾也斯人也而有斯疾也後以不及門追思悼之公孫丑謂冉牛閔子顏淵優於德行又曰具體而微白虎通云冉牛危言正行而遭惡疾朱子曰此乃有生之初氣禀一定而不可易者孟子所謂莫之致而至者也張南軒曰如顏閔之死乃可謂命葢其脩身盡道謹疾又無憾而止於是則曰命而已輔氏曰天旣與之以如是之德而復使之有是疾則於栽培之理葢亦有不得其常者矣唐開元中從祀廟庭追封鄆侯宋眞宗加封東平公度宗改封鄆公明嘉靖中改稱先賢冉

子　國朝因之

先賢宰子

宰子名予字子我魯人長於言語嘗問孔子以鬼神之名及五帝之德孔子告之後又嘗使於楚昭王問之宰我曰切見夫子道行則樂其治不行則樂其身方見天下道德寖息志欲興而行之天下誠有欲治之君夫子固猶爲之何必遠辱君之貺他日歸以告孔子子貢曰予之言行事之實未盡夫子之美也子曰言貴實使人信之舍實何稱乎是賜之華不若予之實也又曰吾於予取其言之近類也於賜取其言之切事也近類則足以喻之切事則足以

懼之蓋宰予之爲人能言而或不逮故夫子嘗曰以言取人失之宰予魯論所載晝寢問短喪對哀公問社從井救人等語夫子蓋屢警之然其智足以知聖人自有不可沒者觀其言曰以予觀於夫子賢於堯舜遠矣非信之深烏足以云之仕齊爲臨淄大夫唐開元中從祀追封齊侯宋眞宗加封臨淄公度宗改封齊公明嘉靖中改稱先賢宰子　國朝因之按左傳無宰予與田常作亂之文然有闞止亦字子我而田闞爭寵子我爲田常所殺戰國策及諸子以爲宰我蓋字相涉之誤也

先賢冉子

冉子名求字子有仲弓之宗族少孔子二十九歲有才藝

優於政事嘗仕爲季氏宰進則理其官職退則受教聖門哀公三年秋季桓子病召康子曰我卽死爾必相魯相魯必召仲尼康子以公之魚言乃召冉有明年冉有爲季氏宰將與齊戰於郊克之康子曰子之於軍旅學之乎性之乎冉有曰學之於孔子康子乃以幣迎孔子於陳十一年齊師伐魯及淸季康子謂冉有曰若之何對曰一子守二子從公禦諸境康子曰不能冉有曰然則居封疆之間康子告二子二子不可冉有曰若不可則君無出一子帥師背城而戰魯之羣室衆於齊之兵車一室敵車優矣子何患焉季氏之甲七十冉有以武城人三百爲巳徒卒次於

雩門之外及齊師戰冉有用矛以帥衆遂入齊師獲甲首八十齊人宵遁是年孔子在衞冉有言於季孫曰國有聖人而不能用欲以求治是猶却步而欲及前人不可得已今孔子在衞衞將用之已有才而以資鄰國難以言智也季孫以告哀公公從之遂召孔子終弗能用蓋冉子之爲人多才藝而優於牧民故夫子語季孫曰求也藝於從政乎何有語武伯曰千室之邑百乘之家可使爲之宰也但其資稟謙退見義不能勇爲當是時季氏旅泰山用田賦伐顓臾僭禮樂夫子皆望求救正而激厲切責之然卒明大義不使季氏陷於大惡以保其家而事其國者未必非

平日勸導之力也故孔子曰大夫有爭臣三人雖無道不失其家季氏無道極矣然而不亡者以冉有季路爲之宰也卒於魯唐元宗從祀廟廷追封徐侯宋眞宗加封任城公度宗改封徐公明嘉靖中改稱先賢冉子 國朝因之

先賢言子

言子名偃字子游吳人少孔子三十五歲自吳之魯受業於孔子問禮自是退而學禮他日孔子與於蜡旣賓事畢出遊於觀之上喟然而嘆子游侍曰夫子何歎也孔子曰昔大道之行與三代之英吾未之逮也而有志焉大道之行天下爲公今大道旣隱天下爲家子游曰今之在位莫

之由禮何也子曰我觀周道幽厲傷之吾舍魯其何適矣夫魯之郊禘非禮也周公其衰矣杞之郊也禹也宋之郊也契也是天子之事守也周公攝政致太平而與天子同是禮也王肅曰也讀如耶夫禮者君之柄所以別嫌明微儐鬼神考制度列仁義立政教安君臣上下者也唯聖人爲知禮子游再拜受教他日問喪之具夫子曰稱家之有無喪事與其哀不足而禮有餘也不若禮不足而哀有餘也祭祀與其敬不足而禮有餘也不若禮不足而敬有餘也夫子卒季康子謂子游曰鄭子產死鄭之人丈夫舍玦珮婦人舍珠珥巷哭三月不聞竽瑟之聲仲尼之死吾不聞魯國

之愛夫子何也子游曰譬子產之於夫子其猶浸水之與
天雨乎浸水所及人得而知之也天雨所及人不得而知
之也蓋子游之在聖門特習於禮以文學著名其宰武城
能以禮樂化民又能甄識賢者而澹臺滅明由是進於聖
門巍然爲羣弟子之冠要其學道之效自有不可及者卒
於吳唐開元中從祀廟庭追封吳侯宋祥符中加封丹陽
公度宗改封吳公明嘉靖中改稱先賢言子　國朝因之
今上康熙四十四年南巡言子七十三世裔孫言德堅恭迎
聖駕奏進宗譜蒙　恩召對　賜文開吳會匾額旋
命禮臣議覆　欽授五經博士於戲尊賢之典遠軼千古矣

先賢顓孫子

顓孫子名師字子張陳人也少孔子四十八歲爲人有容貌資質寛冲博接從容自負不屑屑於尺寸之行然專意務外求聞達於諸侯初從事聖門志學干祿夫子敎之曰多聞闕疑愼言其餘則寡尤多見闕殆愼行其餘則寡悔言寡尤行寡悔祿在其中矣他日從遊於蔡問行子曰言忠信行篤敬雖蠻貊之邦行矣言不忠信行不篤敬雖州里行乎哉立則見其參於前也在輿則見其倚於衡也夫然後行子張書諸紳自是敬服聖敎學能鞭辟近裏着巳後又問達子語之以質直而好義察言而觀色慮以下人

問政子語之以居之無倦行之以忠蓋因其所不足而語之如此陳閔公十三年始適魯謁哀公七日而公不禮因託僕夫而去哀公聞而謝之張卒不見既而問入官與禮於夫子再拜受教煥若發矇焉他日侍於夫子夫子筮卦得賁喟然嘆與子張進而問曰師聞賁吉而嘆何也子曰賁非正色也是以嘆之吾思夫丹漆不文白玉不雕寶珠不飾何也質有餘者不受飾也今者得賁是色相間者也是以嘆也既而有父之喪公明儀相焉問稽顙於孔子子曰拜而後稽顙頹乎其順也稽顙而後拜頎乎其至也三年之喪吾從其至矣他日喪既除見於夫子子之琴調之

而和彈之而成聲作而曰先王制禮不敢不至也夫子曰君子哉子張之在聖門才高意廣不免爲苟難又其容貌矜莊益務表暴於外故子貢問師與商也孰賢子曰師也過商也不及子游曰吾友張也爲難能也然而未仁曾子曰堂堂乎張也難與並爲仁矣此或始受學之日爲然及其與聞聖道日有進于高明如問仁夫子則告之恭寬信敏惠行是五者於天下爲仁問從政則告之尊五美屏四惡之可以從政此皆聖賢之心法王道之綱紀有非及門所與聞者至其所言如士見危致命見得思義祭思敬喪思哀其可已矣又曰執德不弘信道不篤焉能爲有焉能

爲無其論交則曰君子尊賢而容衆嘉善而矜不能由此觀之公孫丑所謂有聖人之一體葢實有信然焉者及其病召申詳而語之曰君子曰終小人曰死吾今日其庶幾乎宛然曾子易簀之命沒之日曾子有母之喪齊衰而往哭之其殯也公明儀爲之志焉唐元宗開元二十七年追封陳伯從祀廟廷宋眞宗大中祥符二年加封宛丘侯徽宗政和元年改封潁川侯度宗咸淳三年加封陳國公昇十哲位改稱陳公明嘉靖九年稱先賢顓孫子　國朝因之

禮部爲欽奉

上諭事禮科抄出該本部題前事內開康熙五十一年二月初四日滿漢大學士九卿等奉

上諭朕自冲齡即好讀書亦好寫字一切經史靡不徧閱成誦在昔賢哲所著之書間或字句與中正之理稍有未符或稍有疵瑕者後儒即加指摘以爲理宜更正惟宋之朱子註明經史闡發載籍之理凡所撰釋之文字皆明確有據而得中正之理今五百餘年其一句一字莫有論其可更正者觀此則孔孟之後朱子可謂有益於斯文厥功偉矣朕既深知之而不言其誰言之于朱子宜如何表章崇奉爾等與九卿會同具議以聞欽此

欽遵臣等公同集議得仰惟我
皇上統紹勳華道宗鄒魯禮明樂備治定功成勤勞萬幾
間有餘暇手不釋書心惟志學
躬聖神文武之德契濂洛關閩之傳寶額親題昭文明于
天壤雲章永煥樹儀表于人間彰顯遺徽甄錄嗣裔
既光前而耀後洵振古而超今而尤于朱子之全集
沉潛研極實踐敦行嘗謂朱子發明聖道軌于至正
高不入于虛寂卑不雜于刑名使六經之旨大明聖
學之傳有繼孔孟以來爲功弘鉅今
特諭臣等集議優崇之典臣等謹查朱子在　孔廟東廡

先賢之列相應仰遵

諭旨移于　大成殿十哲之次配享

先聖以昭我

皇上表章先賢之至意等因具題奉

旨依議欽此欽遵到部該臣等議得將朱子木主升配吉

日交與欽天監選擇去後今准欽天監選擇得本年

六月十五日丁卯未時將木主升配吉等語欽惟我

皇上念朱子發明聖道軌于至正有益斯文爲功弘鉅

特諭九卿集議優崇之典移于　大成殿十哲之次升配

理應告祭其祭祀供獻等項并派遣行禮官員交與

太常寺辦理祝文交與翰林院撰擬木主神龕陳設等項交與工部照十哲例製造今朱子木主旣升配

大成殿內其所遺原位不可空缺應將以下木主挨次移升可也等因具題奉

旨依議欽此欽遵到部相應劄行國子監今朱子木主旣升配　大成殿其所遺原位將東西兩廡木主挨次遞升可也

先賢朱子

朱熹字元晦號晦菴徽之婺源人也父韋齋先生諱松字喬年甫弱冠擢進士第爲福建延平尤溪縣尉以高宗建

炎四年庚戌九月十五日甲申生熹於尉之官舍自幼頴異嘗從羣兒戲沙中獨端坐畫八卦韋齋先生大奇之因授以孝經公一閱即援筆題其上曰不如是便非人年十四從父知饒州韋齋先生疾亟屬熹曰籍溪胡原仲憲白水劉致中勉之屏山劉彥冲子翬三人吾友也學有淵源吾所敬畏吾即死汝往事之公奉以告而稟學焉致中誨之如子因以女妻之紹興十七年丁卯熹年十八舉建州鄉貢十八年戊辰登王佐榜進士第二十年春如婺源展墓二十一年授泉州府同安主簿尋罷歸聞延平李先生侗字愿中得伊洛之正宗往從之延平因授以中庸一書令求喜怒

哀樂未發以前氣象遂盡得其學築室武夷山中其工夫以居敬爲主而自勉以教人者大要不外於窮理致知反躬實踐之訓一時四方有志之士皆願從之游高宗聞其賢已卯八月召監潭州南嶽廟不至壬午七月詔求直言熹上封事大畧言帝王之學必先格物致知則自然意誠心正而可以應天下之務又曰四海利病繫斯民之休戚斯民之休戚繫守令之賢否監司者守令之綱朝廷者監司之本云云上不能用明年癸未興隆元年孝宗即位以熹爲武學博士旣而罷之丁亥乾道三年訪張栻於長沙因與栻論中庸大義八年十二月修資治通鑑綱目成九

年右僕射陳俊卿樞密使劉珙右丞相梁克家交薦其賢上曰熹安貧守道廉退可嘉召主管台州崇道院甲午淳熙二年呂祖謙訪熹於寒泉精舍編次近思錄因送祖謙至鵝湖陸九淵兄弟來會三年五月行丞相事龔茂良薦於朝召除秘書郎或讒之遂力辭不至改主管武夷山冲祐觀五年四月召知南康軍時郡逢歲旱公講求荒政百凡備禦民賴全活因訪唐李渤白鹿洞遺趾請於上詔復其舊爲學規俾守之己亥夏不雨詔求直言熹上疏言恤民之本在人主正心術以立紀綱而君心不能自正必親賢臣遠小人講明義理閉塞私欲然後可得而正今百官

咸失其職而陛下所親信者不過一二近習之臣上以蠱惑陛下之心志下則招集天下士大夫之無耻者竊權盜柄使陛下號令黜陟不復出於朝廷而出於一二人之門臣恐莫大之禍近在朝夕而陛下獨未知之上讀之大怒會趙雄從旁釋之得解乃詔爲提舉江西常平茶鹽辛丑九月浙東大饑右丞相王淮薦之改授提舉浙東常平茶鹽公事熹即日單車就道召入對首陳災異之由與修政任人之說凡七事帝深納之及至部即移書他郡募米商蠲其征米遂輳集既而日訪民隱按行境內郡縣官吏憚其風采至自引去所部肅然帝謂淮曰朱熹政事却有可

觀淮言修舉荒政是行其所學民實被惠宜進職以徵之
乃進熹直徽猷閣下其倉社法於諸路九年九月徙熹提
點江西行獄熹行部至台知州唐仲友爲其民所訟熹按
得其實而仲友與王淮同里姻婭已除江西提刑未行而
熹論之淮匿其奏不以聞熹論益力章前後凡六上淮不
得已奪仲友新命以授熹熹辭不拜淮因銜之遂差奉祠
台州崇道院管勾十年六月監察御史陳賈請禁僞學意
在沮熹疏上帝從之十五年六月以熹爲兵部郎官未至
而罷是時王淮既罷周必大薦熹爲江西提刑入奏事或
要於路曰正心誠意之論上所厭聞慎勿復言熹曰吾生

平所學惟此四字豈可隱默以欺君乎及入對卽以存天理遏人欲爲言帝曰久不見卿今當處卿淸要不復以州縣爲煩也除兵部郎官熹以足疾乞祠兵部侍郎林㮚與熹論易西銘不合劾熹爲浮誕宗主侍御史胡晉臣上章極言㮚喜同惡異乃貶㮚知泉州而熹亦除直寶文閣奉祠嵩山崇福宮時廟堂知上眷厚憚其復入未幾上果悟速召熹且促召具封事投匭以進熹卽上書言輔翼太子選任大臣振舉紀綱變化風俗愛養民力修明軍政六事爲文三千餘言疏入夜漏下七刻上已就寢亟起秉燭讀之終篇明日除主管太乙宮兼崇政殿說書執政忌之請

辭乃改授秘閣修撰仍奉新祠明年己酉帝傳位皇太子是爲光宗二月卽位詔除江南轉運副使冬十二月撰大學或問章句成明年庚戌紹熙元年改知漳州請行經界法帝從之而寓公豪右更爲異議沮之明年除荊州湖南路轉運副使漳州經界竟報罷四年十二月詔知潭州甲寅五年孝宗皇帝崩帝有疾太皇太后詔嘉王擴卽位是爲寧宗八月召熹爲煥章閣待制兼侍講熹在道聞上事上皇朝禮有缺而小人離間兩宮卽草疏言陛下當求所以得親歡者爲建極導民之本思所以振朝綱者爲防微慮遠之圖不報他日侍便殿奏四事其一言事親之道二

言帝王之學三言湖南財計四言湖北徭役侵擾文二千餘言帝俯納之熹平日進對務盡誠意以感動帝心至冬十月韓侂胄請內批罷右正言黃度上從之於是言路壅塞正士排斥無遺熹因講畢奏疏極言四事侂胄大怒乘間言熹不可用卽日手批罷熹官右丞相趙汝愚上疏乞留不聽中書舍人陳敷良封還錄黃起居郎劉光祖等交章留之皆不報熹在朝四十六日進講者七內引奏事者再急於致君知無不言言無不盡頗見嚴憚旣去侂胄益無忌憚丁卯慶元元年十一月竄故相趙汝愚於永州行至衡州暴卒十二月復詔熹爲煥章閣待制熹辭從之熹

是時家居草封事數萬言極陳姦邪蔽主之禍因以明汝愚之寃繕寫已畢其子弟諸生更迭進諫以爲必且賈禍熹不聽門人蔡元定請蓍龜決之遇遯之同人熹默然取奏藁焚之更號遯翁二年十二月胡紘沈繼祖連章劾奏熹十罪且言其徒蔡元定佐熹爲妖事在不赦疏上詔削其官竄元定於道州熹時年已七十有一自登第五十年仕於外者僅九考立朝纔四十六日時攻僞學日急士之以儒自名者無所容身從遊之士特立不顧者屏伏丘壑依阿巽懦者更名他師過門不入而熹日與諸生講學不輟庚申六年三月病已未夜爲諸生說太極圖庚申夜復

說西銘辛酉改大學誠意章爲公絕筆甲子移寢中堂正坐整衣冠良久而逝是日大風拔木洪水崩山諸生近者奔訃遠者爲位而哭所著有易本義啓蒙蓍卦考誤詩集傳大學中庸章句或問論語孟子集註太極圖通書西銘解楚辭集註辨證韓文考異所編次有論孟集議孟子指要中庸輯畧孝經刋誤小學通鑑綱目宋名臣言行錄家禮近思錄河南程氏遺書伊洛淵源錄儀禮經傳通解行於世壬戌十月寧宗追復公煥章閣待制謚曰文庚午五月贈公大中大夫寶謨閣直學士辛未夏國子司業劉爚請開僞學禁請刋公四書於太學丁亥理宗寶慶二年春

正月贈公太師追封信國公公子在時爲工部侍郎入對
帝有與卿父生不同時之歎辛丑紹定三年春正月詔改
封徽國公淳祐元年詔從祀　孔子廟庭元順宗至正二
十二年改封齊國公明洪武中詔以公子孫世襲五經博
士嘉靖中詔改稱先儒朱子崇禎十五年改稱先賢位躋
七十子之下漢唐諸儒之上　國朝因之方今
聖天子在上崇儒重道典禮有加公之子孫世襲休命邀眷
特隆巳
御書白鹿講堂匾額遣官賚祭
復念朱子昌明聖教表彰六經接孔孟之心傳集賢儒之

美善
特頒朱子全書刋行天下更
命禮臣升躋神位祔配　文廟十哲之下千秋曠典亘古所
無非甚盛德孰能當此者乎猗歟休哉
文治之光俎豆之典至矣蔑以加矣

國學禮樂錄卷之四

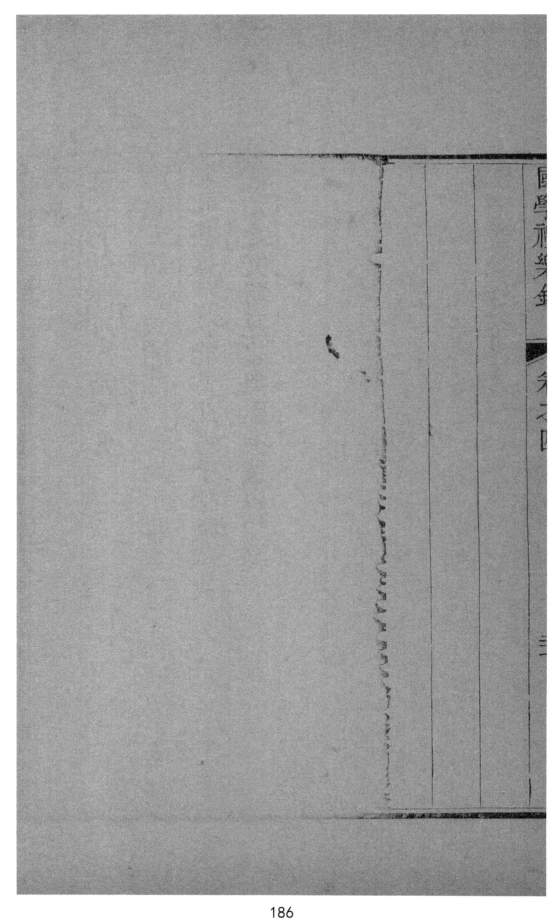

國學禮樂錄卷之五

列傳東廡先賢

先賢澹臺子

澹臺滅明字子羽武城人少孔子三十九歲因子遊之言得見孔子其狀貌甚惡孔子以爲材薄旣巳受業退而修行益自砥礪言動不苟南遊至江從弟子三百人設取予去就名施於諸侯孔子聞之曰吾以言取人失之宰予以貌取人失之子羽孔子卒遂居於楚友教士大夫一時荊漢之俗皆斌斌爲北方之學焉今吳郡南有澹臺湖豫章進賢縣有澹臺門皆其南遊遺跡云唐開元中追封江伯

從祀宋祥符中加封金鄉侯明嘉靖中改稱先賢澹臺子

國朝因之

先賢原子

原子名憲字子思宋人少孔子三十六歲清淨守節貧而樂道嘗居於魯環堵之室茨以蒿萊蓬戶甕牖桷桑而無樞上漏下濕匡坐而絃歌子贛聞之結駟連騎排藜藿入窮閻中紺而衣素軒不容巷而往見之原思楮冠藜杖而應門正冠則纓絕振衣則肘見納履則踵決子贛曰嘻先生何病也原憲仰而應之曰憲聞之無財之謂貧學而不能行之謂病憲貧也非病也若夫希世而行比周而交學

以爲人教以爲已仁義之慝車馬之飾憲不忍爲之也子贛逡巡面有慙色不辭而去原憲乃徐步曳杖行歌商頌而反聲淪於天地如出金石陶然終身有以自樂而無求於人焉孔子爲魯司寇時憲嘗爲孔子宰貧而辭粟殆幾于獨行者矣孔子沒遂隱於衛唐開元中追封原伯從祀廟庭宋眞宗加封任城侯明嘉靖中改稱先賢原子 國朝因之

先賢南宮子

南宮子名适又名縚字子容魯孟僖子之子懿子之弟仲孫閱也居南宮因姓焉又曰南宮敬叔云魯昭公七年公

如楚鄭伯勞於師之梁孟僖子爲介不能相禮及楚又弗能荅郊勞僖子恥之病將卒召其大夫曰禮人之幹也無禮無以立吾聞曾有達者曰孔丘聖人之後也我若獲沒必屬閱與何忌於夫子使事之而學禮焉懿子遂與南宮敬叔師事孔子孔子以其謹於言行嘗稱其邦有道不廢邦無道免於刑戮又曰君子哉若人尚德哉若人其于詩也日三復白圭孔子以其兄之子妻之唐開元中追封郯伯從祀廟庭宋眞宗加封龔丘侯徽宗以犯諱改封汝陽侯明嘉靖中改稱先賢南宮子　國朝因之

先賢商子

商子名瞿字子木魯人少孔子二十九歲孔子嘗使之齊瞿年長無子其母欲爲之再娶室請之孔子孔子筮之曰無憂也瞿年四十後當有五丈夫子已而果然瞿特好易孔子傳之志焉瞿嘗爲孔子筮曰子有聖智而無位孔子曰天也命也鳳鳥不來河無圖出天之命也瞿傳易楚人馯音寒臂子弘列代相傳者不絕至今之言易者皆祖於瞿焉唐開元中追封蒙伯從祀廟庭宋真宗加封須昌侯嘉靖中改稱先賢商子　國朝因之

先賢漆雕子

漆雕子名開字子若史記云蔡人鄭氏曰字子開魯人少孔子十一歲

習尚書不樂仕孔子曰子之齒可以仕矣子若報其書曰吾斯之未能信子說又嘗稱之曰君子哉漆雕氏之子其言人之美也隱而顯言人之過也微而著程子謂曾點漆雕開已見大意又曰曾點開闊漆雕開深穩唐開元中追封滕伯從祀廟庭宋眞宗加封平輿侯明嘉靖中改稱先賢漆雕子　國朝因之

先賢司馬子

司馬犂耕史記作耕字子牛宋人向魋之弟也魯哀公十四年向魋作亂其弟子頎子車亦與同惡入于曹以叛宋宋景公使左師向巢伐之巢不能克魋奔衛巢奔魯牛致其邑

與珪焉而適齊雎自衛奔齊陳成子使爲次卿牛又致其邑而適吳吳人惡之而反于魯時因兄弟濟惡每懷憂懼嘗自言曰人皆有兄弟我獨亡子夏以君子敬而無失與人恭而有禮四海之內皆兄弟之言寬之趙簡子執陳成子恆皆召之頃卒于魯郭門之外阬人魯人○一作阬氏葬諸丘輿唐開元中追封向伯從祀廟庭宋眞宗加封楚丘侯徽宗以犯諱改封緱陽侯明嘉靖中改稱先賢司馬子・國朝因之

先賢有子

有子名若字子有魯人少孔子三十六歲爲人彊識好古

明習禮樂其言行氣象有似夫子魯哀公八年吳伐我微虎欲宵攻王舍私屬徒七百人三踊于幕庭卒三百人有若與焉十二年魯有蝝災十三年螽連年用兵于邾又有齊警公以年饑用不足爲患以語有若有若以行徹對公領之孔子卒門弟子思孔子甚子夏子游子張乃以有若似聖人欲以所事孔子事之彊曾子曾子不可乃止蓋有子爲人天姿粹清而又篤學弗倦其言論凡四見論語其辭約其旨博明體達用聖門弟子非實見其表裏粹然與聖人無異其孰能敬服而師事之哉年三十四卒其喪也悼公弔焉子游擯唐開元中追封汴伯從祀廟庭宋咸平

三年加封平陰侯明嘉靖中改稱先賢有子　國朝因之

先賢巫馬子

巫馬子名施字子旗（本史記○家語作巫馬期字子期論語同）陳人少孔子三十歲爲人篤志好學嘗與子路析薪于韞丘之下子賤爲單父宰鳴琴不下堂而治既而期亦宰單父戴星而出戴星而入日夜不處以身親之而單父亦治期因問于子賤子賤曰我任人子任力任人者佚任力者勞子其勞乎後從于孔子孔子命從者皆持蓋巳而果雨期問曰旦無雲既日出而夫子命持雨具敢問何以知之孔子曰詩不云乎月離于畢俾滂沱矣昨暮月宿畢以此知之自是期益

留心典籍博學多識焉唐開元中追封郈伯從祀廟庭宋
眞宗加封東阿侯明嘉靖中改稱先賢巫馬子　國朝因
之

先賢顏子

顏子名辛字子柳魯人少孔子四十六歲唐開元中追封
蕭伯從祀宋眞宗咸淳三年加封陽穀侯明嘉靖中改稱
先賢顏子　國朝因之

先賢曹子

曹卹字子循蔡人少孔子五十歲志稱樂道明義唐開元
中追封曹伯從祀宋咸平初加封上蔡侯明嘉靖中改稱

先賢曹子　國朝因之

先賢公孫子

公孫子名龍史記作寵字子石楚人家語作衛人少孔子五十三歲自楚來學在及門年最幼嘗登吳山四望喟然而歎息曰嗚呼悲哉世有明於事情不合於人心者有合于人心不明於事情者今欲明事情恐有抉目剖心之禍欲合人心恐有頭足異所之患由是觀之君子道狹耳誠不逢其明主狹道之中又將險危閉塞無可從出者豈不悲哉後返乎荊南方之學賴其教焉唐開元中追封黃伯從祀宋加封枝江侯明嘉靖中改稱先賢公孫子　國朝因之

先賢秦子

秦子名商字不慈左傳作丕茲史記作子丕石室圖作字子愿魯人少孔子四十歲其父堇父與孔子父叔梁大夫俱以力聞唐開元中追封上洛伯宋加封高施侯明嘉靖中改稱先賢秦子

國朝因之

先賢顏子

顏子名高家語名刻字子驕少孔子五十歲孔子適衛高爲僕衛靈公與夫人南子同車出而令宦者雍渠參乘使孔子爲次遊過市孔子恥之高曰夫子何恥之孔子嘆曰吾未見好德如好色者也後復御孔子過匡匡人疑是陽虎圍

之已知是孔子乃解去唐開元中封高爲瑯琊伯從祀廟
庭宋加封雷澤侯明嘉靖中改稱先賢顏子　國朝因之

先賢壤駟子

壤駟子（家語作穰駟複姓）名赤字子從（史記作子徒）秦人唐開元中追
封北徵伯從祀廟庭宋眞宗咸平初加封上邽侯明嘉靖
中改稱先賢壤駟子　國朝因之

先賢石子

石子蜀（史記爲石作蜀）字子明秦人唐開元中追封郈邑伯宋眞
宗加封成紀侯明嘉靖中改稱先賢石子　國朝因之

先賢公夏子

公夏子名守（史記作首）字子乘一字子元（史記字棄）唐開元中追封元父伯宋加封鉅平侯明嘉靖中改稱先賢公夏子　國朝因之

先賢后子

后子名處（從史記家語作石子）字里之（從家語史記字子里）齊人唐開元中追封營丘伯從祀廟庭宋加封膠東侯　國朝因之

先賢奚子

奚子名蒧（史記名容蒧石室圖作奚容複姓名蒧）字子偕（史記作子晳）魯人（史記作衛人）奚仲之後也唐開元中追封下邳伯從祀廟庭宋加封濟陽侯明嘉靖中改稱先賢奚子　國朝因之

先賢顏子

顏子名祖（家語名相）字子襄魯人唐開元中追封臨邑伯從祀孔廟宋眞宗加封富陽侯明嘉靖中改稱先賢顏子　國朝因之

先賢句子

句子名井疆衞人字子野（從闕里志○家語字子强）唐開元中追封淇陽伯從祀廟庭宋加封滏陽侯明嘉靖中改稱先賢句子

國朝因之

先賢秦子

秦子名祖字子南秦人志稱彊力志學唐開元中追封少

梁伯從祀廟庭宋加封鄄城侯明嘉靖中改稱先賢泰子
國朝因之
先賢縣子
縣子懸同名成字子橫史作子祺魯人唐開元中追封鉅野伯從
祀廟庭宋眞宗加封武城侯明嘉靖中改稱先賢縣子
國朝因之
先賢公祖子
公祖子名句茲家語無句字字子之魯人唐開元中追封期思
伯從祀廟庭宋眞宗加封卽墨侯明嘉靖中改稱先賢公
祖子　國朝因之

先賢燕子

燕子名伋家語作級字子思山東兗州府人唐開元中追封漁陽伯從祀宋加封汧源侯明嘉靖中改稱先賢燕子　國朝因之

先賢樂子

樂子名欬家語名欣字子聲魯人唐開元中追封昌平伯從祀廟庭宋真宗加封建成侯明嘉靖中改稱先賢樂子　國朝因之

先賢狄子

狄子名黑字晳之家語字晳之一字子析衞人唐開元中追封臨濟

伯從祀廟庭宋真宗加封林慮侯明嘉靖中改稱先賢狄子　國朝因之

先賢孔子

孔子名忠從史記○家語作孔弗字子篾孔子兄孟皮之子孔子之姪也嘗爲單父宰勤于爲治唐開元中追封汶陽伯從祀廟庭宋真宗加封鄆陽侯明嘉靖中以稱孔子無別先聖改稱先賢孔忠子　國朝因之

先賢公西子

公西子名蒧字子上家語字子尚魯人唐開元中追封祝阿伯從祀廟庭宋真宗加封徐城侯明嘉靖中改稱先賢公西

子　國朝因之

先賢顏子

顏子名之僕字叔（家語字子叔）魯人唐開元中追封東武伯從祀廟庭宋眞宗加封宛句侯明嘉靖中改稱先賢顏子

國朝因之

先賢施子

施子名之常字子常（史作子恒）魯人唐開元中追封乘氏伯從祀廟庭宋眞宗加封臨濮侯明嘉靖中改稱先賢施子

國朝因之

先賢申子

申棖從論語 魯人家語作申績字子周史記作申黨字周文翁石室圖又作申堂獨宋邢昺論語注疏曰申棖孔子弟子在家語史記名字不同其實一也唐開元中追封棖魯伯黨邵陵伯並從祀宋眞宗加封棖文登侯黨淄川侯至明孝宗時職方何孟春始言其重世宗嘉靖中乃信經不信傳去黨存棖改稱先賢申子 國朝因之

先賢左子 傳春秋

左丘明魯人楚左史倚相之後也親受經于孔子故其傳春秋或先經以始事或後經以終義或依經以辨理或錯經以合異隨意而發其例之所重舊史遺文略不盡舉非

聖人所修之要故也身爲國史躬覽載籍必廣記而備言之其文緩其旨遠將令學者原始要終尋其枝葉究其所窮然後爲得也又采錄前世穆王以來下訖魯悼智伯無不備載以爲國語其文不主于經故號曰春秋外傳云後孔子没丘明因盲失明遂以春秋傳授魯申公申公遞傳至賈護劉歆歆白左氏春秋得其正傳可立專門講肄哀帝納之左氏始得立于學宮唐太宗貞觀二十一年從祀孔廟宋眞宗祥符元年追封瑕丘伯徽宗政和六年改封中都伯明嘉靖九年改稱先儒左子崇禎十五年議改宋儒周二程張朱邵六子爲先賢進位漢唐諸儒之上以左

丘明親受經於聖人亦改稱賢位七十二賢之下六子之
上　國朝因之　按此典惟行之於國學自闕里廟堂及天下府州縣學其位次尚仍舊未改

先賢張子

張載字子厚郿人其先世家大梁祖復眞宗朝給事中集
賢學士父廸字吉甫仁宗朝殿中丞出知涪州早卒諸孤
皆幼遂不能歸僑寓于鳳翔郿縣橫渠鎮之南遂家焉載
少孤自立志氣不羣年十八慨然以功名自許上書謁范
文正公公一見知其遠器因勸讀中庸載誦其書雖愛之
猶未以爲足也於是又訪諸老釋累年盡究其說知無所
得反而求之六經嘉祐初坐虎皮講易京師聽從者甚衆

一夕二程子至載與論易乃語門弟子曰比見二程深明易道吾所不及汝輩可師之即撤座輟講因與二程共語道學之要渙然自信曰吾道自足何事旁求乃盡棄異學醇如也是時文彥博以故相判長安聞載名聘以束帛延之學宮使士子矜式嘉祐二年舉進士第爲祁州司法參軍調雲巖令以敦本善俗爲先尋遷渭州僉判神宗熙寧二年御史中丞呂公著薦之朝上召入見問以治道載以漸復三代爲對帝悅以爲崇文院校書一日見王安石問以新政載曰公若與人爲善則孰敢不盡如教玉人琢玉則人亦故有不受命者矣執政嘿然自是語多不合寖不

悦尋命按獄浙東獄成還朝明年四月弟戩時爲監察御史裏行屢抗言安石變亂成法得罪貶知公安載乃謁告西歸遂移疾不出居于横渠故廬終日危坐敝衣蔬食與諸生講學其學以易爲宗以中庸爲體以孔孟爲法黜怪妄辨鬼神爲關中士人宗師熙寧十年秦鳳帥呂大防薦之乞召還舊職詔知太常禮院旣而與有司議禮不合以疾歸行次臨潼而卒年五十八貧無以殮門人共買棺舁其喪還葬于涪州墓南之兆子厚平日用心常欲率今之人復三代之禮觀其言曰仁政必自經界始縱不能行之天下猶可驗之一鄉方與學者議古之法共買田一區畫

爲數井上不失公賦退以正其經界分宅里立斂法廣蓄儲興學校成禮俗救菑恤敦本抑末皆有志未就所著正蒙西東銘行于世學者稱爲横渠先生程子謂西銘理一分殊擴前聖所未發與孟子性善養氣之論同功寧宗嘉定十三年賜謚曰明理宗淳祐元年追封郿伯從祀孔庭明嘉靖九年改稱先儒張子崇禎十五年改稱先賢位躋七十子下　國朝因之今我

皇上天縱聖學心契濂洛關閩之旨於程朱二氏舊襲翰林博士外特出

睿裁褒榮先儒恩錫後裔張氏嫡孫一時煥承

綸綍自此以後瑤章金簡　休命世膺我

國家之尊賢重道行與日月並光照也於戲至哉

朱子贊曰

蚤悅孫吳晚逃佛老勇撤皐比一變至道精思力踐妙

契疾書西銘之訓示我廣居

先賢程子

程頤字正叔與兄顥隨父大中先生守廣漢因遊成都遇

以篾箍桶者手執周易一卷目視二子曰若嘗學此乎因

指未濟以示曰二陽皆失位二子渙然有省翌日再過之

而其人已去頤年十四五言動舉止便學聖人時周敦頤

司理南安大中先生攝通守事因命二子往受學焉仁宗
皇祐二年頤年十八上書闕下乞召對面陳所學不報因
游太學時海陵胡瑗以顏子所好何學論試諸生得頤所
試大驚即延見處以學職既而舉進士嘉祐四年廷試報
罷遂不復試治平元豐間大臣屢薦不起呂公著爲言于
朝召爲南京國子監教授固辭元豐八年哲宗新即位司
馬光呂公著共疏其行義望擢不次使士類有所矜式名
爲秘書省校書郎及入對改崇正殿說書因上劄子言陛
下春秋方富雖睿聖出于天姿而輔養之道不可不至大
率一日之中接賢士大夫之時多親宦官宮妾之時少則

氣質變化自然而成矣元祐元年頤奉職四月例以暑熱罷講頤奏言輔導少主不宜疎略乞令講官以六三日上殿問起居因得從容納誨以輔聖德五月差同孫覺顧臨看詳學制頤所定大槩以爲學校禮義相先之地請改試爲課有所未至則學官名而敎之置尊賢堂以延天下道德之士鐫解額以去利誘省繁文以專委任勵行檢以厚風教及置待賓吏師齋立觀光法如是者數十條又上疏太后言今日至大至急之計惟是輔養上德使跬步不離正人乃可以涵育薰陶成就聖德今間日一講解釋數行爲益旣少又自四月罷講至于中秋殆非古人旦夕承弼

之意又讀講官例兼他職請亦罷之使得積誠意以感上心皆不報二年三月上疏奏邇英閣暑熱乞就崇正延和二殿講讀一日講罷未退上忽起憑檻戲折柳枝頤進曰方春發生不可無故摧折時在經筵每進講色甚莊厲繼以諷諫然多用古禮蘇軾謂其不近人情深嫉之於是二家門人各分置黨與以相攻激會帝患瘡疹不出頤曰二聖臨朝上不御殿則太皇太后不當獨坐且上疾而宰相不知可乎翌日呂公著等以頤言奏聞遂詣問疾帝不悅于是御史中丞胡宗愈等連章力詆頤不宜在經筵乃罷出管勾西京國子監是時洛黨以頤爲首蜀黨以蘇軾爲

首四年頤旣罷講職旋以丁父憂致仕七年服除簽書樞密院事王巖叟言于朝欲與館職擬除判登聞鼓蘇軾進曰頤入朝必不肯靜右諫議大夫范祖禹抗言曰程頤經術行義天下共知司馬光呂公著豈欺罔者耶乞召勸講必有補聖明不聽八年太皇太后高氏崩冬十月哲宗始親政明年改元紹聖宰執講諫等官盡革元祐故臣目爲黨籍章惇蔡卞爲相誅斥正類殆無虛日頤亦放歸田里四年十一月詔削籍編管涪州渡漢江中流船幾覆舟中人皆號哭頤獨正襟安坐如常人問之曰心存誠敬耳徽宗卽位移峽州尋復判西京國子監未幾以直秘閣致仕

建中靖國二年仍追所復官除名致仕其蔡京黨范致虛
復上言乞下河南盡逐學徒毋得著書聚論頤于是遷居
龍門之南止四方學者五年中書侍郎劉逵請帝碎元祐
黨碑寬上書邪籍之禁帝從之復頤議郎致仕大觀元年
九月卒于家年七十五生平于書無所不讀其學本于誠
以大學論語中庸孟子爲標指而達于六經動止語黙一
以聖人爲師卒得孔孟不傳之學爲諸儒首倡所著書有
易春秋傳當世學者出其門爲最多寧宗嘉定十三年賜
謚曰正理宗淳祐元年追封伊陽伯從祀廟庭元文宗至
順二年加封洛國公明嘉靖九年改稱先儒程子崇禎十

五年改稱先賢位躋七十子下　國朝因之方今
聖人在上崇道右文以先生之家舊襲博士一員
特出睿衷謂道統常明不昧二程子交有其功爰著爲
功令明道伊川二家各以嫡孫分襲五經博士一員
文命所頒聲教洋溢而伊川先生亦復彰往行于千秋沐
新恩于奕禩縉紳俎豆將與天地無窮期也於乎盛哉

朱子贊曰

規圓矩方繩直準平允矣君子展也大成布帛之文菽
粟之味知德者希孰識其貴

國學禮樂錄卷之五

國學禮樂錄卷之六

列傳 西廡先賢

先賢宓子

宓子名不齊字子賤魯人少孔子四十九歲仕魯爲單父宰乃請其耆老賢者而與之共治焉三年孔子使巫馬施往觀政巫馬施乃徵服入單父反以告孔子曰宓子之德至使民闇行若有嚴刑于旁何行而得此孔子曰吾嘗與之言曰誠于此者形乎彼宓子行此術于單父也他日孔子謂子賤曰子治單父而衆悅何施而得之也對曰此地有賢于不齊者五人不齊師之而稟度焉孔子曰昔堯舜

聽天下務求賢以自輔夫賢者百福之宗也神明之主也
惜乎不齊之所治者小也厥後齊攻魯單父父老請曰麥
已熟矣今廹齊寇民不及刈穫請縱人出自刈可以益食
且不資寇子賤不聽俄而麥畢資于齊寇季孫聞之怒使
人讓之子賤曰今年無麥明年可樹今不耕者得穫是樂
有寇也且一歲之麥於魯不加强喪之不加弱令民有自
取之心其創必數世不息季孫乃服嘗復于夫子曰自仕
單父無所亡有所得者三始誦之今得而行之是學益明
也祿俸所共被及親戚是骨肉益親也雖有公事而兼以
弔死問疾是朋友益篤也孔子喟然歎曰君子哉若人魯

無君子者斯焉取斯家語稱子賤有才智仁愛百姓人不忍欺所著書有宓子十六篇唐開元中追封單父伯從祀宋眞宗加封單父侯明嘉靖中改稱先賢宓子　國朝因之

先賢公冶子

公冶子名長字子長齊人（家語云魯人）游于聖門其爲人無所考嘗陷于縲絏孔子謂非其罪以其子妻之及後魯君聞其賢嘗使爲大夫辭弗受唐開元中追封莒伯從祀廟庭宋眞宗加封高密侯明嘉靖中改稱先賢公冶子　國朝因之

先賢公晳子

公晳子名哀（家語作公析哀）字季沉（史記作季次）齊人系出姬姓衞公子黑背字子析之後也爲人潔清不滓鄙天下多仕于大夫家者終身未嘗屈節爲人臣孔子貴之曰天下無行多爲人臣惟季次賢未嘗仕焉太史公曰季次原憲讀書懷獨行君子之德義不苟合當世四百餘年而弟子志之不倦此可以知其賢矣唐開元中追封郳伯從祀廟庭宋眞宗加封北海侯明嘉靖中改稱先賢公晳子　國朝因之

先賢高子

高子名柴字子羔齊人敬仲高傒十代孫也少孔子四十

歲長不盈五尺爲人篤孝而有法少居魯知名于孔子之門自見孔子未嘗越禮足不履影（夫子之影）啓蟄不殺方長不折執親之喪泣血三年未嘗見齒孔子以爲難仕于衛爲士師孔子曰善哉爲吏其用法一也公以行之其柴乎時衛亂蒯聵挾孔悝以登臺子羔出遇子路于門子羔止之子路曰否遂入赴難夫子聞衛變遂決之曰柴也來由也其死矣已而果然他日復仕魯爲成宰成人有其兄死而不爲衰者聞子羔至遂爲衰成人曰蠶則績而蟹有匡范則冠而蟬有緌兄則死而子羔爲之衰厥後子羔寢疾慶遺入請曰子之病革矣如至乎大病則如之何子羔曰吾

聞之生有益于人死不害于人吾縱生無益于人可以死害于人乎哉我死葬我不毛之地可也唐開元中追封共城伯從祀廟庭宋眞宗加封共城侯明嘉靖中改稱先賢高子 國朝因之

先賢樊子

樊子名須字子遲魯人少孔子四十六歲樊皮之後也少仕於季氏學於聖門屢以仁知爲問夫子皆詳語之嘗從遊於舞雩問崇德修慝辨惑夫子以其切於爲己因善之魯哀公十一年齊伐魯及清武叔莵乘冉求帥左師樊須爲右季孫曰須也弱冉有曰年雖少能用命焉師及齊師

戰於郊齊師自稷曲師不踰溝樊遲曰非不能也不信子也請三刻而踰之如之衆從之師入齊軍獲甲首八十齊人宵遁夫子聞之曰義哉唐開元中追封樊伯從祀廟庭宋眞宗加封益都侯明嘉靖中改稱先賢樊子　國朝因之

先賢商子

商子名澤字子秀（史作子季）魯人唐開元中追封睢陽伯從祀廟庭宋眞宗加封鄒平侯明嘉靖中改稱先賢商子　國朝因之

先賢梁子

梁子名鱣一作鯉齊人字叔魚少孔子三十九歲家語傳其年三十未有子欲出其妻商瞿謂曰子未也昔吾年三十八無子吾母欲爲吾更取室夫子使吾之齊母欲請留夫子曰無憂也瞿過四十當有五丈夫子今果然吾恐子自晚生耳未必妻之過也從之二年而有子唐開元中追封梁伯從祀廟庭宋真宗加封千乘侯明嘉靖中改稱先賢梁子　國朝因之

先賢冉子

冉孺字子魯家語名儒字子魚魯人少孔子五十歲志稱勤學好問唐開元中追封紀伯從祀宋咸平三年加封臨沂侯明

嘉靖中改稱先賢冉子　國朝因之

先賢伯子

伯虔魯人字楷史記字子析少孔子五十歲唐元宗追封聊伯從祀廟庭宋眞宗加封沭陽侯明嘉靖中改稱先賢伯子

國朝因之

先賢冉子

冉子名季字子產魯人志稱姿性淵妙敏於問荅唐開元中追封東平伯從祀孔廟宋加封諸城侯明嘉靖中改稱先賢冉子　國朝因之

先賢漆雕子

漆雕子名徒父家語作漆雕從字子有家語字子文魯人嘗仕於魯有治術唐開元中追封須句伯從祀廟庭宋加封高苑侯明嘉靖中改稱先賢漆雕子　國朝因之

先賢漆雕子

漆雕子名哆家語作侈字子斂魯人唐開元中追封武城伯從祀廟庭宋眞宗咸平三年加封濮陽侯明嘉靖中改稱先賢漆雕子　國朝因之

先賢公西子

公西子名赤字子華魯人少孔子四十二歲姿質斌雅習於禮容應對孔子嘗使之言志對曰宗廟之事如會同端

章甫頋爲小相焉其志於禮樂如此後又爲孔子使齊皆因其所長者而使之也及孔子之喪公西子爲志焉飾棺牆置翣設披周也設崇殷也綢練設旐夏也蓋用三王之制以尊師且備古也唐開元中追封郜伯從祀廟庭宋眞宗加封鉅野侯明嘉靖中改稱先賢公西子　國朝因之

先賢任子

任子名不齊字子選（史記作子巽）楚人唐開元中追封任城伯宋加封當陽侯明嘉靖中改稱先賢任子　國朝因之

先賢公良子

公良孺（一作儒）字子正陳人爲人賢而有勇孔子周行嘗以

家車五乘從他日孔子適衛路出於蒲會公叔氏以蒲叛衛而止之公良子喟然歎曰昔吾從夫子遇難於匡伐樹於宋今又遇困於此命也夫與其見夫子仍遇於難仍我鬬死挺劍而合衆將與之戰蒲人懼與之盟而出公良子之在聖門隨從之功蓋亞於仲氏云唐開元中追封東牟伯宋加封牟平侯明嘉靖中改稱先賢公良子　國朝因之

先賢公子

公子名肩定從文翁石室圖○家語名肩史記作公堅字子中家語字子仲魯人唐開元中追封新田伯從祀廟庭宋加封梁父侯明嘉靖中

改稱先賢公子　國朝因之

先賢鄡子

鄡單（家語作縣亶史記作鄡單）字子家（家語字子象）衞人鄡單縣亶姓名互異疑當從家語今乃本史記稱鄡單鉅鹿鄡縣人今順德府有鉅鹿縣有鄡縣未詳其志唐封縣亶銅鞮伯宋加封聊城侯明嘉靖獨從史記改稱先賢鄡子　國朝因之

先賢罕父子

罕父子（家語作宰父）名黑字子黑（史記作子索闕里志作罕父索）唐開元中追封乘丘伯從祀廟庭宋真宗加封郈鄉侯明嘉靖中改稱先賢罕父子　國朝因之

先賢榮子

榮子名旂字子祺家語作子期魯人唐開元中追封雲樓伯從祀廟庭宋眞宗加封厭次侯明嘉靖中改稱先賢榮子

國朝因之

先賢左子

左子名人郢家語作左郢字子行史記字行按左人應複姓唐開元中追封臨淄伯從祀廟庭宋眞宗加封南華侯明嘉靖中改稱先賢左子　國朝因之

先賢鄭子

鄭子名國從史記家語作薛邦字子徒家語字子從魯人唐開元中追封

滎陽伯從祀廟庭宋加封朐山侯明嘉靖中改稱先賢鄭子

國朝因之

先賢原子

原子名亢（家語作桃又作志）字子籍魯人唐開元中追封萊蕪伯從祀廟庭宋真宗加封樂平侯明嘉靖中改稱先賢原子

國朝因之

先賢廉子

廉子名潔字子庸（家語字子曹）衛人唐開元中追封莒父伯從祀廟庭宋真宗加封胙城侯明嘉靖中改稱先賢廉子

國朝因之

先賢叔仲子

叔仲子名會（史記作噲）字子期魯人（史記作晉人）少孔子五十歲與孔璇（史記作孔孺）年相比每孺子之執筆記事于夫子二人迭侍左右唐開元中追封瑕丘伯從祀廟庭宋加封博平侯明嘉靖中改稱先賢叔仲子　國朝因之

先賢公西子

公西子名輿如（從史記○家語作公西輿）字子上魯人唐開元中追封重丘伯從祀廟庭宋加封臨朐侯明嘉靖中改稱先賢公西子　國朝因之

先賢邽子

邽子名巽家語作邽選石室圖作國選字子歛魯人唐開元中追封平陸伯從祀廟庭宋加封高唐侯明嘉靖中改稱先賢邽子

國朝因之

先賢陳子

陳亢字子亢一字子禽陳人少孔子四十歲性魯鈍少智慧兄子車死于衛其妻與其家大夫謀以妾殉葬子禽曰殉葬非禮也于是弗果用唐開元中追封潁伯從祀廟庭宋真宗加封南頓侯明嘉靖中改稱先賢陳子 國朝因之

先賢琴子

琴張從孟子。論語家語俱作琴牢字子開亦字子張衛人嘗與宗魯爲友宗魯死將往弔之仲尼曰齊豹之盜而孟縶之賊也女何弔焉琴張乃止後與子桑戶孟子反游三人相與爲友子桑戶死未葬孔子聞之使子貢往弔焉或編曲或鼓琴相和而歌曰嗟來桑戶乎嗟來桑戶乎而已反其眞而我猶爲人猗子貢敢問臨尸而歌禮乎二人相視而笑曰是惡知禮意哉子貢反以告孔子曰彼遊方之外者也以生爲附贅縣疣以死爲決疣潰癰又惡知死生先後之所在哉孟子曰如琴張曾晳牧皮者孔子之所謂狂矣唐開元中追封牢　伯張南陵伯並從祀孔廟宋眞宗祥符中去

牢存張加封頓丘侯徽宗以犯諱改封陽平侯明嘉靖中改稱先賢琴子　國朝因之

先賢步叔子

步叔子(複姓)名乘字子車齊人唐開元中追封淳于伯從祀廟庭宋真宗加封博昌侯明嘉靖中改稱先賢步叔子

國朝因之

先賢秦子

秦子名非字子之魯人唐開元中追封汧陽伯從祀廟庭宋真宗加封華亭侯明嘉靖中改稱先賢秦子　國朝因之

先賢顏子

顏子名澮字子聲魯人唐開元中追封朱虛伯從祀廟庭宋眞宗加封濟陰侯明嘉靖中改稱先賢顏子　國朝因之

先賢周子

周敦頤字茂叔道州營道縣人父名輔成嘗爲桂嶺縣令以宋眞宗天禧元年丁巳生茂叔於州之營樂里初名敦實避宋諱改敦頤自幼而孤依於舅氏龍圖學士鄭珦字之如子仁宗景祐三年以舅氏蔭奏補試將作監主簿慶曆四年改授洪州分寧主簿有獄久不決敦頤至一訊立

明部使者薦調南安司理叅軍洛人程珦攝通守事視其
氣貌非常人詢其學因與爲友使其二子顥頤往受學焉
時南安獄有囚法不當死轉運使王逵欲深治之敦頤獨
與之辨因賴以免移桂陽令至和元年遷大理寺丞知南
昌縣南昌人相謂曰是能辨分寧獄者吾屬得所訴矣改
太子中舍移柳州轉簽書合州判官進殿中丞遷國子博
士通判虔州其初判合州時趙抃時爲使者人或譏敦頤
抃信之及來守虔州敦頤適通判事抃熟視其所爲乃更
執其手曰今日乃知周茂叔也尋轉虞部員外郎移永州
英宗治平四年攝邵州事薦爲廣南東路轉運判官轉虞

部郎中提點本路刑獄以洗寃澤物爲已任熙寧初以疾求知南康軍因家廬山蓮花峰下其麓有溪因取營道所居濂溪爲之號而築堂其上學者宗之稱爲濂溪先生生平所著有太極圖明天理之根源究萬物之始終著通書四十篇發明天理之藴言約而道大文質而義精得孔孟之本大有功于學者居嘗爲人言聖希天賢希聖士希賢志伊尹之所志學顏子之所學過則聖及則賢不及則亦不失於令名二程子從之遊每令尋孔顏所樂何事朱震進易傳表曰陳摶以先天圖傳种放放傳穆修修傳周敦頤其謚議曰先生博學力行會道有元脉絡貫通百世之

下孟氏之後欲觀聖道者必自濂溪始熙寧六年卒于家年五十七生子二曰壽曰燾燾寶文閣待制理宗淳祐元年封汝南伯謚曰元從祀孔子廟庭元文宗至順二年加封道國公明嘉靖九年改稱先儒周子萬曆二十七年躋先生父輔成從祀啓聖公崇禎十五年詔同二程張朱邵五子改稱先賢進位七十子之下漢唐諸儒之上 國朝因之至今

皇上遠紹聖學表章往緒特出 曠恩官其嫡孫世五經博士夫所謂崇道右文振古而一遇者乎於戲懿哉

朱子贊曰

道喪千載聖遠言湮不有先覺孰開我人書不盡言圖
不盡意風月無邊庭草交翠

先賢程子

程顥字伯淳其先世居中山自高祖羽徙居河南至曾祖希振祖遹皆以宋舊臣世居洛陽父珦字大中以祖蔭補黃陂尉令後遷守龔州娶壽安縣君侯氏生伯淳及頤正叔伯淳生而神爽十歲能爲詩賦年二十六舉仁宗嘉祐二年進士及第授京兆府鄠縣主簿再調江寧府上元主簿一切苛切煩重之法可力罷者悉除去之英宗治平四年移澤州晉城令專尚德化民以事至縣者必告以孝弟

忠信在縣三年民愛之如父母去之日哭聲震野神宗熙寧二年攺著作郎以御史中丞呂公著薦授太子中允權監御史裏行帝素知其名數名見從容咨訪一日召對甚久日官報正午庭中人曰御史不知上未食乎前後進說甚多大要以正心窒慾求言育才爲先務以誠意感動人主常勸帝防未萌之欲及勿輕天下士帝俯躬曰當爲卿戒之是時王安石方以新法見任倡諫議者皆被竄謫一日顥被召赴中書議事安石方怒言者厲色待顥顥徐曰天下事非一家私議願明公平氣以聽之安石爲之愧屈尋以論新法不便乞罷許之出爲西京路同提點刑獄固

辭改授簽書鎮寧軍節度判官後又出知扶溝坐獄逸責監汝州酒稅嘗與人言曰新法之行亦吾黨激成之當時自愧不能以誠意感上心遂致今日之禍豈可獨罪王安石也是時上念顥不已會修三經欲召顥同修安石不可有自洛至者上必問曰程顥安在眞佳士也元豐二年春召顥判武學命下數日李定何正臣等交章劾其異學且論其首沮新法遂復罷之同知樞密院事呂公著上疏論曰程顥立身行巳素有本末所除武學亦非仕宦要津而小人斷斷必以爲不可者直欲梗塞正路其所措意非特一二人而巳疏奏不納顥仍歸故官哲宗卽位召爲宗正

寺丞未至而卒享年五十有四文彥博采輯衆論題其墓曰明道先生弟頤復爲文以序之寧宗嘉定十三年賜謚曰純理宗淳祐元年追封河南伯從祀　孔子廟庭元文宗至順二年加封豫國公明嘉靖九年改稱先儒程子崇禎十五年改稱先賢進位七十子之下諸儒之上歷今嫡孫世襲翰林院五經博士　國朝崇重之典恩賚之篤抑又有高過歷朝者洵至盛矣

朱子贊曰

揚休山立玉色金聲元氣之會渾然天成瑞日祥雲和風甘雨龍德正中厥施斯溥

先賢邵子

邵雍字堯夫其先范陽人本姬姓系出召公故世爲燕人幼隨父古徙共城仁宗天聖中古卜隱于蘇門山下雍廬百源之上布裘蔬食躬爨以養父母年三十復從徙河南嵩縣之鳴皐山父卒因葬于伊水上遂家焉初太祖時華山處士陳摶以易學授种放放以授穆修修以授李之才雍居共城時丁母憂適之才攝共城令聞雍好學卽造其廬曰子亦聞物理性命之學乎雍對曰幸受教願先生微開其端毋竟其說與語三日豁然開明乃師事之受河圖洛書伏羲八卦六十四卦圖象雍伏而學之數年探賾索

隱妙悟神契曠乎有所自得於是走吳楚客梁晉過齊魯涉淮海汶泗久之而歸曰道其在是矣乃以洛邑居天下之中可以觀四方之士始定居焉在洛幾三十年蓬蓽環堵不蔽風雨躬耕以事其親居之裕如學於家未嘗彊以語人而就問者日衆與鄭公富弼相知最早弼初入相謂門下士田棐曰謂我問邵堯夫可出當以官職起之不即命爲先生處士雍謝曰若進豈能禁吏責旣退又安用名爲弼乃止尋因明堂祫享赦詔天下舉遺逸時王拱辰尹洛以雍應詔除試將作監主簿不就居洛中丞相富公司馬君實呂晦叔二程子嚴敬重之爲市園宅居之乃自名

其處曰安樂窩讀書燕居其下英宗治平四年雍與客散步天津橋聞杜鵑聲慘然不悅曰洛陽舊無杜鵑今始有之不二年上用南士為相多引南人專務變更天下自此多事矣後王安石執政行新法卒如其言神宗熙寧二年復下詔求隱逸中丞呂誨侍御史吳充太常博士祖無擇交薦雍除穎州團練推官固辭不允既受命卽引疾去於是始為隱者之服烏帽緇褐見卿相不易也初行新法天下騷然門生故舊仕宦四方者皆欲投劾去雍曰此正賢者所當盡力之時新法固嚴能寬一分則民受一分之賜矣投劾何益乎熙寧十年夏感微疾司馬君實及張子厚

二程子晨夕候之七月四日卒年六十七生平天性高邁於書無所不讀諸子百家之學皆究其本原而釋老技術之說一無所惑其志晩尤喜爲詩平易而近于理其與人言必依于孝弟忠信而一接以誠程子嘗曰吾從堯夫先生遊聽其議論誠內聖外王之學非振古之豪傑其孰能之卒之日程伯子爲墓銘稱其純一不雜汪洋浩大就其所至可謂安且誠矣所著有皇極經世書觀物內外篇漁樵問對傳于世生二子長伯溫次仲良溫歷官轉運副使世其家學著皇極觀物等書孫溥嶶猷閣待制博秘書郎傳知郡守先生初贈秘書省著作郞哲宗元祐元年門下

侍郎韓維請于朝賜謚康節度宗咸淳三年從祀孔子追
封新安伯明嘉靖九年改稱先儒邵子崇禎十五年改稱
先賢進位七十子下　國朝因之康熙三十八年
皇上復念邵子經世之學有功聖教　詔以裔孫文學世襲
五經博士褒功重道之典曠古所無於戲至矣

朱子贊曰

天挺人豪英邁葢世駕風鞭霆歷覽無際手探月窟足
躡天根閒中今古靜裏乾坤

國學禮樂錄卷之六

國學禮樂錄卷之七

列傳 東廡先儒

先儒公羊子 傳春秋

公羊高周末齊人深慕春秋尊王討賊之義遂喟然曰天下大綱凜然秋日遂往西河受春秋于卜子夏盡得其學作爲春秋公羊氏傳以授其子平遞傳至東海嚴彭祖魯人顏安樂故後漢公羊有嚴氏顏氏之學仲舒以公羊顯于朝歷傳至李育育授羊弼弼授何休休作解詁其學遂大行于世唐太宗貞觀中從祀孔子宋眞宗咸平三年加封臨淄伯明嘉靖中改稱先儒公羊子 國朝因之

先儒子國子 傳古文尚書

孔安國字子國先聖十一世孫也父忠爲漢博士封褒成侯少學詩于申公受尚書于伏生年四十仕武帝朝爲諫議大夫遷侍中博士時魯共王壞孔子宅于壁中得所藏虞夏商周諸古書皆蝌蚪文字人莫能曉悉還之安國乃集諸門人刻意考論古今文字撰衆師之義凡五十九篇爲四十六卷悉上送官承詔作傳引序各冠其首列爲篇次以授都尉朝朝授膠東庸生謂之尚書古文之學齊建武中吳姚與方于太桁市中得其書奏上于是始列于學宮安國由博士遷臨淮太守年六十卒于家唐貞觀時從

祀孔子宋眞宗追封曲阜伯明嘉靖中改稱先儒子國子

國朝因之

先儒毛子 傳詩

毛萇字默一字長公漢趙人善說詩漢初有魯齊韓三家並立萇自謂子夏所傳初子夏作詩序以授魯申遥傳至毛亨萇受亨詩爲獻王博士每說詩獻王悅之取詩傳加毛字以別齊魯韓三詩也萇所著有毛詩故訓二十卷詩傳十卷平帝時立于學宮萇授貫長卿遥授至衞宏光武時爲議郎萇唐貞觀時從祀孔子宋眞宗追封樂壽伯明嘉靖中改稱先儒毛子 國朝因之

先儒高堂子 傳儀禮

高堂生字伯漢魯人齊公族也系出齊卿高敬仲之後以其食采于高堂因氏焉或又謂之高唐氏云漢興諸學者多言禮而魯高堂生爲最初不願仕力舉爲博士遂傳儀禮及博士禮十七篇至武帝時又有禮古經出于魯淹中而河間獻王好古愛學收集餘燼得而獻之合五十六篇並威儀之事唯高堂生能言之儒林傳云漢興傳禮者十三家惟高堂生五傳至戴德戴聖而禮大明云唐貞觀時從祀孔子宋咸平初追封萊蕪伯明嘉靖初改稱先儒高堂子　國朝因之

先儒杜子 傳周禮

杜子春字時元東漢緱氏人通周官自秦禁學天下無能曉者西漢時有李氏得其書上于河間獻王闕冬官一篇購以千金不得遂取考工記補成六篇奏之成帝時黃門郎劉歆表而出之王莽時置博士以行於世子春受業劉歆因以教授鄉里明帝永平初年巳九十猶能講習其義時鄭衆賈逵往受其業二子發明其說著周禮解後馬融作周官傳以授鄭康成康成作周官註微言奧義皆疏析闡發炳若日星蓋其說皆祖于春焉唐貞觀中從祀孔子宋眞宗追封緱氏伯明嘉靖中改稱先儒杜子　國朝因

之

先儒韓子

韓愈字退之南陽人後魏安定桓王茂七世孫也父仲卿爲武昌令有美政終秘書郎退之生三歲而孤隨伯兄會貶官嶺表會卒嫂鄭氏養之年七歲日記數千言比長盡通六經百家之學舉進士第調四門博士貞元十九年遷監察御史上疏論宮市德宗怒貶陽山令改江陵法曹參軍憲宗元和初拜河南令遷職方員外郎未幾坐事復爲博士愈以才高數絀乃作進學解以自諭執政覽之奇其才改比部郎中史館修撰轉考功知制誥進中書舍人時

憲宗將平蔡命御史中丞裴度宣慰淮西行營及還具言賊可滅狀愈亦上言淮西三小州殘獘困劇之餘而當天下之全力其破敗可立而待然所未可決者在陛下斷與不斷耳執政不喜改太子右庶子及度以宰相節度彰義軍奏愈行軍司馬愈請乘遽告入汴說韓弘使叶力元濟平遷刑部侍郎憲宗十四年遣中使往鳳翔迎佛骨愈上表切諫乞付有司投畀水火上大怒將加極刑持表以示宰相裴度崔羣曰愈雖狂然實發於忠悃宜寬容以開言路乃貶愈爲潮州刺史至潮表謝帝得表頗感悟欲復用之宰相皇甫鎛忌之不得調時潮人方患鱷魚愈至爲文

祝之魚遠遁既而移袁州尋召拜國子祭酒日與生徒會講倡明孔孟之道嗣轉兵部侍郎穆宗皇慶二年正月鎮州亂殺成德節度田弘正而立王廷湊廷湊因以兵圍牛元翼于深州朝廷乃命愈宣慰其軍愈至厲聲責廷湊廷湊慮衆變疾麾使出因曰今欲廷湊何爲愈曰神策六軍如牛元翼者不少但朝廷顧大體不可棄耳公死圍之何也廷湊曰即出之愈曰若爾則無事矣會元翼亦潰圍出廷湊不追之因與愈宴禮而還愈歸奏帝大悅以愈爲京兆尹既涖事六軍不敢犯法私相謂曰是尚欲燒佛骨何可犯也尋轉吏部侍郎長慶四年卒年五十七贈禮部尚

書謚曰文當是時文章委靡道德不競而佛教之亂民惑世自天子至於庶人莫不神而信之獨韓子惡其蠹財惑衆竭力排之倡明絶學著爲原道等篇後儒嘗論之曰唐承五代之後文弊質窮至正元和間有韓愈氏出遂以六經之文爲諸儒倡粹然一出于正其道自比孟軻皇皇于仁義可謂篤行君子矣昔孟子拒楊墨去孔子纔二百年愈排二家乃去千有餘歲撥亂世而反之正功與齊而力倍之學者尊以爲泰山北斗所謂功不在禹下者其言良非誣矣故蘇文忠曰文起八代之衰道濟天下之溺忠犯人主之怒勇冠三軍之帥豈非參天地關盛衰浩然而獨

存者乎宋仁宗元豐七年詔從祀孔子廟庭追封昌黎伯
明嘉靖九年改稱先儒韓子　國朝因之

明儒王守仁贊曰

斯文在兹不絕如髮維公挺生聖道勃發異端旣排昏
昧乃揭億萬斯年天地日月

先儒司馬子

司馬光字君實陜州夏縣人父池字和中幼孤家貲數十
萬悉推諸父而自力學讀書舉進士第授永寧主簿遷知
光山縣再轉知鳳翔府累官知諫院上表固辭仕終天章
閣待制生三子次即光仁宗寶元初年二十中進士甲科

除奉禮郎時以父池在杭州乃求簽書蘇州判事既而丁兩艱服除簽書并州武城軍判官改大理評事補國子直講樞密副使龐籍薦爲館閣校勘同知禮院景祐六年以同判尚書授知諫院光入對首言臣昔通判并州所言三章願陛下果斷力行帝沉思良久曰得非欲選宗室爲繼嗣者乎此忠臣之言但人不敢及耳因上三劄子一論君德曰仁曰明曰武二論御臣曰任官曰信賞曰必罰三論揀軍言養兵之術在精不在多又進五規曰保業曰惜時曰遠謀曰謹微曰務實開陳剴切凡千餘言帝皆納之是時上養宗室子二人於宮中久未定嗣光上疏固請帝爲

感動以光疏送中書光因見韓琦等曰諸公不及今定議異日禁中半夜出寸紙以某人爲嗣則天下莫敢違如昔時定策國老天子門生者諸公可不爲寒心乎琦等拱手曰敢不盡力琦入對乃以疏進帝遂定議以濮安懿王子宗實爲皇子賜名曙越二年即位是爲英宗治平二年詔議濮王典禮光獨奮筆曰爲人後者爲之子不得顧私親入奏曰濮安懿王雖與陛下有天性之親然陛下所以負扆端冕萬世相承者皆先帝德也宜準親屬稱皇伯而不名時范鎮呂誨范純仁傅堯俞等亦以此義固爭而歐陽修牽引附會罷貶言者四年春正月帝崩神宗即位以光

爲御史中丞光上疏論心術之要言甚切至九月光請編資治通鑑賜潁邸舊書二千四百二卷熙寧元年王安石既不次進用時執政以河朔災傷國用不足乞南郊勿賜金帛光曰救災節用當自貴近始安石因論理財光駁之曰此蓋桑弘羊欺武帝之言耳既而安石執政新法肆行一日邇英進讀至曹參代蕭何帝曰漢守何法不變可乎光對曰寧獨漢法也使三代之君常守禹湯文武之法雖至今存可也光又言青苗之弊帝是其言詔以爲樞密副使光固辭曰陛下用臣若徒以位祿榮之而不取其言是以天官私非其人也陛下罷制置條例司追提舉官不行

青苗助役手實等法雖不用臣臣受賜多矣疏凡七上乃收還誥敕五月光乞差前知龍水縣范祖禹同修通鑑許之九月光求去上止之因言安石逐呂公著蘇軾等求去益力乃以端明殿學士出知永興軍以著書局自隨既而徙知許州入覲不赴四年四月請判西京留臺光上疏曰臣之不才最出羣臣之下先見不如呂誨公直不如范純仁程顥敢言不如蘇軾孔文仲勇決不如范鎮今陛下惟安石是信附之者以爲忠良攻之者以爲邪慝今臣所言陛下之所謂讒慝者也若臣罪與范鎮同乞依鎮例致仕若罪重於范鎮竄誅敢逃久之乃從其請光既歸洛自是

絶口不論事元豐七年資治通鑑成上自周威烈王二十三年下終五代合三百五十四卷歷十九年乃成至是上之詔以爲資政殿學士降詔獎諭曰前代未有此書過荀悅漢紀遠矣光居洛十五年天下以爲眞宰相田夫野老皆號爲司馬相公婦人孺子亦知其爲君實也帝崩赴闕哭臨衞士望見皆以手加額曰司馬相公來矣所至民遮道聚觀馬至不得前進曰公無歸洛留相天子活百姓也光懼亟還太后遣內侍勞光問新政所當先光請開言路詔榜朝堂於是上封事者千數因起光知陳州未幾留爲門下侍郎是時天下之民引領拭目以觀新政光上言新

法之弊改之當如救焚拯溺遂罷保甲諸法哲宗元祐元年以光爲尚書左僕射兼門下侍郎晉河內公時光已得疾而青苗免役將官之法猶在西戎之議未決光歎曰四害未除吾死不瞑目矣遂折柬以屬呂公著爲之旣而詔免朝覲乘肩輿三日一入省光不敢當曰不見君不可以視事詔令子康扶入對遼人聞之勑其邊吏曰中國相司馬矣毋輕生事開邊釁也是時兩宮虛已以聽光爲政光亦欲以身殉社稷躬親庶務居政府才八閱月凡王安石呂惠卿所刱新法爲民害者剗革殆盡時謂有旋轉乾坤之功光年六十八病薨太皇太后哭之慟卽日與帝臨其

喪京師爲之罷市往弔鬻衣以致奠巷哭以過車及如陝
葬送者如哭私親都中四方皆畫像以祀冬十月詔追贈
太師封溫國公謚文正子康孫植皆爲名臣光孝友忠信
恭儉正直自少至老未嘗妄語自言吾生平所爲無不可
對人言者徽宗紹聖時京卞當國目爲奸首追貶削奪殆
無虛日至高宗建炎中詔復封爵配享哲宗廟庭度宗咸
淳三年詔從祀 孔子明嘉靖九年改稱先儒司馬子
國朝因之

朱子贊曰

篤學力行清修苦節有德有言有功有烈深衣大帶張

拱徐趨遺像凜然可肅薄夫

先儒胡子

胡瑗字翼之其先世本長安人後居陵州祖司寇參軍修巳卒葬如皋盧墓因家焉父訥爲寧海節度在任生瑗故又爲泰州海陵人七歲善屬文年十三通五經以聖賢自期景祐初詔更定雅樂范仲淹力薦于朝召以布衣對崇政殿與鎮東軍節度推官阮逸同較鐘律節度等謂非古制罷之拜瑗秘書省校書郎范文正公經畧陝西辟州推官以保寧節度推官教授湖州及爲蘇湖二州教授嚴條約以身先之雖大暑必公服終日以見諸生嚴師弟子之

禮解經至有要義懇懇爲諸生言其所以治已而後治乎人者學徒千數日月刮劘爲文章皆傳經義必以理勝又置經義制事二齋因材以教其弟子散在四方隨其人之賢愚皆循循雅飭其言談舉止遇之不問可知爲先生弟子也慶曆四年詔州縣皆立學於是建太學於京師有司請下湖州取其法著爲令以殿中丞致仕皇祐五年更鑄太常鐘磬驛召瑗逸與太常官議秘閣遂典作樂擢國子監直講遷大理寺丞瑗既居太學其徒日益衆太學庠舍至不能容取旁官舍處之禮部貢舉歲所得士先生弟子十居四五其高弟者知名當時或取甲科居顯仕嘉祐元

年擢太子中允天章閣侍講國子監請仍留主太學事上從之賜緋衣銀魚旣而疾不能朝乃以太常博士致仕是時宋運鼎盛瑗獨能倡明道學一新故習門人數千自河汾以後端師範造人材必以瑗爲首學者稱爲安定先生年六十七卒謚文昭明嘉靖九年詔從祀孔子廟庭稱曰先儒胡子　國朝因之

先儒羅子

羅從彥字仲素南劍沙縣人徙家南平少從審律先生吳國華學以累舉恩爲惠州博羅縣主簿後聞同郡楊時得河南程氏學慨然慕之時龜山先生方爲蕭山令遂徒步

往從之游時喜曰今得從彥可與言道矣從彥見龜山三日即驚汗浹背曰不至是幾虛過一生矣於是築室山中絶意仕進謹守龜山之學嘗采祖宗故事爲尊堯錄一編靖康中擬獻闕下不果其書大要謂藝祖開基列聖相繼若舜禹遵堯治統不變故所述本朝宏規懿範及名臣碩輔論建模畫下及元豐功利之臣紛更憲度貽害國家而痛斥安石之爲作偏撮要提綱無非理亂安危之大者爲文四萬餘言朱子謂龜山先生倡道東南士之游其門者甚衆然潛思力行任重詣極如羅公蓋一人而已徽宗時抱道隱居聚徒教授卒傳其學于同郡李侗厥後朱子又

得李公之傳其道遂彰明于世紹興中卒學者稱之曰豫
章先生寧宗嘉定七年郡守劉允濟訪其遺書僅得尊堯
錄八卷進之于上請謚曰文質明神宗萬曆四十二年禮
部侍郎孫慎行學臣熊尚文交疏于朝詔與李侗竝從祀
孔子稱先儒羅子　國朝因之

先儒呂子

呂祖謙字伯恭其先世山東萊州人徙壽春自六世祖文
靖公夷簡徙開封生正獻公公著公著生滎陽公希哲希
哲生好問從高祖南渡遂僑居金華因家焉仕至尚書右
丞好問生本中累官中書舍人兼侍講謚文清本中生二

子長祖謙次祖儉祖謙之學本之家庭有中原文獻之傳長師事胡憲又與朱子張栻友講索益精初蔭補入官時方冠娶自始婚日忽閉閤不出踰月纂成博議一書論斷精嚴宿儒信不及也孝宗興隆元年舉進士復中博學宏詞科調宗學教授丁內艱除太學博士改嚴州教授尋復召爲博士兼國史院編修官實錄院簡討乾道八年考試禮部得一卷喜曰此必陸九淵也揭示果然人服其精鑒時淳熙元年上駐臨安校正文海學士周必大以薦祖謙上遂命董其事斷自中興以前類爲百五十卷上之賜名皇朝文鑑明年除著作郎七年祖謙作大事記起於周敬

王三十九年上接春秋絕筆下迄五代至武帝征和三年未及成書而明年卒朱子謂其考按精博規模宏大議論純一自有史冊以來未之有也八年辛丑七月卒年四十五生平所學以關洛爲宗旁稽載籍心和氣平不立崖異一時英偉之士皆歸焉所著有讀書記大事記皆未成書考定古周易書說閫範官箴辨志錄皇朝文選春秋博議行於世學者稱爲東萊先生寧宗嘉泰八年賜謚曰成理宗嘉熙二年改謚忠亮景定二年追封開封伯從祀孔廟嘉靖九年改稱先儒呂子　國朝因之

先儒蔡子

蔡沉字仲默建陽人西山先生第二子也學悟夙成自勝衣趨拜入則服膺父教出則從朱子游朱子晚年訓傳諸經畧備獨書傳未及爲環視及門求可付者遂以屬沉洪範之數學者久失其傳父西山先生獨心得之然未及論著曰成吾書者沉也沉年甫三十卽屏棄舉子業一以聖賢爲師平居凜凜然常恐有負父師之託於是沉潛反覆者數十年然後克就其於書也考序文之誤訂諸儒之說以發明二帝三王羣聖賢之用心於洪範洛誥秦誓諸篇往往有先儒所未及者其於範數則謂體天地之撰者易之象紀天地之撰者範之數易更四聖而象已著範錫神

禹而數不傳沉於二書闡幽發微已精益密隱居九峯當世名卿爭相薦引沉不屑就其文長於論辨詩早慕太白晚入陶韋理宗紹定三年卒年六十四世稱九峯先生明太祖洪武初詔頒所著書傳於學宮制與朱註永定爲法英宗正統元年從祀孔廟追謚文正憲宗成化三年追封崇安伯嘉靖九年改稱先儒蔡子　國朝因之

先儒許子

許衡字平仲河內人也父通避金亂徙開封以宋寧宗嘉定元年戊辰生仲平於新鄭鄉幼有異質七歲入學授章句過目輒不忘一日問其師曰讀書欲何爲師曰取科第

耳曰如斯而已乎師大奇之稍長遂刻意墳典遭世亂逃難岨崍山始得易王輔嗣說後從柳城姚樞得伊洛程氏及新安朱子著書尋移家蘇門日與樞及竇默相師友慨然以道學自任凡喪祭娶嫁必徵於禮以倡其鄉人學者寖盛甲寅宋理宗寶祐二年爲元憲宗之第四年也元太弟忽必烈出王秦中以姚樞爲勸農使召衡爲京兆提學秦人新脫於兵欲學無師聞衡來莫不喜於是郡縣皆建學民大化之庚申景定元年四月元世祖卽位召衡至京師命爲國子祭酒未幾謝病歸乙丑世祖命衡議中書省事召至京師累有咨訪明年復乞歸許之因陳時務五事

世祖嘉納之已巳命與太常卿徐世隆定朝儀儀成帝臨觀之甚悅又詔與太保劉秉忠定官制八年以爲集賢大學士兼國子祭酒親爲擇蒙古弟子俾教之衡聞命喜曰此吾事也因請徵其弟子十二人爲齋長出入進退嚴如君臣其教人必因所明開其所蔽而納諸善日新月盛不自知其化也時權臣屢毀漢法諸生廩食或不繼衡請還許之居家勤於自治喪葬一尊古制懷孟化之十三年詔王恂定新曆恂以爲曆家知曆數不知曆理宜得衡領之乃召衡以舊職領太史院事衡以爲冬至者曆之本而求曆本者在驗氣乃與太史令郭守敬等製儀象圭表十七

年曆成奏上之賜名曰授時曆頒之天下衡以疾請還特
命其子師可爲懷孟路總管以便養十八年春正月寢疾
語其子曰我平生爲虛名所累竟不能辭官死後愼勿請
謚立碑但書許某之墓令子孫識其處足矣三月卒年七
十三四方學士聞訃皆聚哭衡自幼嗜學穎悟不凡凡經
傳子史禮樂名物星曆兵刑食貨水利之類無所不通善
於教人所著有魯齋文集行於世學者稱爲魯齋先生成
宗大德二年贈司徒謚文正武宗至大二年追封魏國公
加贈太傅開府儀同三司仁宗皇慶二年詔從祀　孔子
廟庭明嘉靖九年改稱先儒許子　國朝因之

先儒王子

王守仁字伯安浙江餘姚人父華成化辛丑進士第一累官南京吏部尚書守仁少頴異年十七謁上饒婁諒與論格物大指穀然有志聖學弘治壬子與孫燧胡世寧同舉於鄉己未會試第二授刑部主事退食必誦五經移病歸越卽陽明洞闢書屋講學甲子聘主山東試起補兵部主事正德元年抗疏請誅劉瑾廷杖謫貴州龍塲驛丞日夜澄默靜攝恍然悟格物致知之學瑾誅量移廬陵令入覲遷南京刑部主事改吏部驗封遷考功郎中擢南京太僕少卿就改鴻臚卿十一年八月兵部尚書王瓊奇守仁才

擢僉都御史巡撫南贛時寧王宸濠潛蓄異謀而南中盜賊蜂起連兵肆掠守仁檄閩粵會兵破賊因言權輕無以令將士請給旗牌提督軍務瓊奏從其請守仁編伍訓練盡成精銳次第勦賊平數十年巨寇如拉枯朽進副都御史世襲錦衣衛百戶再進副千戶十四年六月宸濠反殺巡撫孫燧按察副使許逵守仁方勘事福建道經豐城縣令顧佖以告守仁急趨吉安與知府伍文定徵調兵食治器械舟楫檄宸濠罪俾守令各率吏士勤王集衆議曰賊若出長江順流東下則南都不可保吾欲以計擒之少遲旬日無患矣乃多遣間諜檄府縣言邊兵京兵南贛湖廣

兩廣各部兵合十六萬水陸並進直擣南昌又爲蠟書遺僞相敘其歸國之誠令從臾亟發兵東下因縱諜洩之宸濠果疑與僞相等謀則皆勸疾趨南京卽大位宸濠益疑十餘日詗中外兵不至乃悟守仁紿之七月朔留宜春王拱樤居守而刼其衆六萬人襲下九江南康出大江薄安慶守仁聞南昌兵少則大喜趨樟樹鎮知府臨江戴德孺等各以兵會合八萬人直搗南昌拱樤等宮人多焚死守仁安士民慰宗室遣兵設伏分道並進宸濠果自安慶還兵夾擊伏發賊大潰宸濠盡發南康九江兵守仁督師死戰賊復大敗聯舟爲方陣官軍奄至以小舟載薪乘風縱

火燒之其妃以下皆投水死宸濠易舟逃官兵追執之餘衆悉降南康九江亦下凡三十五日而賊平時武宗已親征羣小擴功搆陷百出功久不賞世宗入繼大統詔錄守仁功而首輔楊廷和與王瓊不相能守仁前後平賊率歸功瓊廷和不喜會有言國哀未畢不宜舉宴行賞者苐拜守仁南京兵部尚書已論功封特進光祿大夫柱國新建伯世襲歲祿一千石然不予鐵券歲祿未幾丁父憂服闋亦不召一時勤王有功諸臣廢斥殆盡守仁累疏辭封乞錄諸臣功竟格不行嘉靖六年思恩田州土酋盧蘇王受反起守仁原官兼右都御史總督兩廣兼巡撫守仁至蘇

受乞降撫其衆七萬又因斷籐峽猺賊通連寨峒流毒嶺表與蘇受等夾擊思田八寨積年劇賊盡平桂萼素忌守仁沮其賞格守仁已病乞骸骨不俟命竟行至南安卒年五十七世稱陽明先生守仁天資絕倫於書無所不窺倡舉良知心學其教人但以致良知爲主謂宋周程二子後惟象山陸氏簡易直捷接孟氏之傳而朱子集註或問之類乃中年未定之說因作朱子晚年定論序以示學者弟子王畿嘗著天泉證道記舉四語云無善無惡心之體有善有惡意之動知善知惡是良知爲善去惡是格物以爲守仁所示宗旨當時聞雒學者極辨四語之失而論者又

以爲此特出於饑非守仁本旨也所著有傳習錄文獻錄文集語錄行於世守仁卒言者詆其擅離職守詔停世襲隆慶初追贈新建侯謚文成復予世爵萬曆十二年詔從祀孔廟稱先儒王子　國朝因之

先儒陳子

陳獻章字公甫廣東新會縣人宣德三年戊申生於新會之都會村身長八尺目光如曙星右臉有七黑子如北斗狀頴悟絕倫讀書一覽輒記正統十二年舉廣東鄉試戊辰辛未再上禮部不第聞江右吳與弼講伊洛之學往從之游時年二十有七遂棄其學而學焉成化二年游太學

邢祭酒讓試和楊龜山此日不再得詩獻章即援筆就之
邢大驚服名動京師五年復上禮部不第遂歸隱白沙寓
居江浦之白馬書院日與婁克讓莊昶石淮研究性命宗
旨如是者垂十年然後別歸廣南十七年江西藩臬聘主
白鹿書院教辭不往十八年布政使彭韶督府朱英交薦
召至京令就試吏部至則辭疾不就試時年五十六懇辭
乞終養特授翰林檢討以歸自是屢薦不起嘗自言曰吾
於聖賢之書舍繁求約靜坐久之然後見吾心之體隱然
呈露日用應酬隨吾所欲如馬之御銜勒也其學以靜爲
主灑然獨得論者謂有鳶飛魚躍之樂而蘭溪姜麟至以

爲活孟子云弘治十三年卒于家年七十三學者稱爲白沙先生萬曆十三年從祀孔廟稱先儒陳子　國朝因之

先儒胡子

胡居仁字叔心江西餘干縣人幼穎異有大志六七歲時學于家塾言動如老成人年十七八受春秋聞吳康齋講義理之學于崇仁里慨然往從之游於是以古人自期斯道自任其學以主忠信爲本以求放心爲要以聖學成始成終在于敬因以敬名齋處家庭如朝堂對妻孥如賓客端莊凝重履繩蹈矩造次顛沛未嘗少違隱微幽獨之際愈嚴愈密每日必立課程詳書得失自考居家日以悅親

爲事兄每外歸必躬迓于門外有疾亦躬調湯藥家人化
之篤宗族訓子弟不倦親死哀毀踰節喪祭悉遵古禮初
家食有餘推以與人厥後家益窘甚至簞食瓢飲處之泰
然四方摳衣及門者衆於是築書室於梅溪山中聚徒講
學語學則曰爲己語治則曰王道嘗受藩臬二司聘主白
鹿書院教又嘗以諸生敦請講學貴溪桐源書院餘干尹
請講明鄉飲古禮悚聽而行之鄉有彭姓者以非辜坐死
乃不避嫌而白於當道竟得脫其里東原坂田高嘗苦旱
因區畫水利十條達于夏憲副寅命有司行之民竟獲利
居仁五經皆通尤邃于春秋自孟子没後獨推尊二程子

朱子以爲得其正傳所著有居業錄敬齋集等書憲宗成化十二年卒年五十一神宗萬曆十二年詔從祀孔子廟庭稱先儒胡子　國朝因之

國學禮樂錄卷之七

國學禮樂錄卷之八

列傳 西廡先儒

先儒穀梁子 傳春秋

穀梁赤周末魯人尸子曰名俶字元始顏師古曰名喜字子赤昔孔子以春秋授子夏子夏以授穀梁赤赤作傳以授孫卿其後寖微惟魯榮廣皓星公二人學焉昭帝時蔡千秋從廣受學宣帝卽位聞衞太子好穀梁春秋以問丞相韋賢言穀梁本魯學公羊乃齊學也由是穀梁之學大盛唐貞觀中從祀孔子宋眞宗追封襲丘伯徽宗以犯諱改封睢陽伯明嘉靖中改稱先儒穀梁子 國朝因之

先儒伏子　傳今文尚書

伏勝字子賤秦濟南人也故爲秦博士時下詔焚詩書伏生乃壁藏之厥後兵起流亡漢興伏生求其書亡數十篇獨得二十九篇卽以教于齊魯之間孝文帝時欲求能治尚書者天下無有乃聞伏生賢能治欲召之時年巳九十餘老不能行于是乃詔太常使掌故晁錯往受之爰作尚書傳四十一篇以授同郡張生而伏生孫以治尚書徵不能明也伏生八世孫理爲世名儒高密太傅理子湛仕至大司徒封陽都侯建武六年以平徐異卿功徙封不其侯湛子翕嗣爵歷傳至曾孫無忌無忌子質爲大司農質子

完尚陽安公主女爲獻皇后自西漢平帝時伏氏以儒顯光武時受封爵至獻帝子孫凡八世爲三公襲封侯曹操謀簒弑后國除伏生唐貞觀二十一年從祀孔子宋眞宗追封乘氏伯明嘉靖中改稱先儒伏子　國朝因之

先儒后子　傳禮記

后蒼字近君漢東海郯人少從同郡孟卿受禮最明其業在曲臺校書因說禮數萬言號曰后氏曲臺記授梁人戴德及德從兄子聖西漢世后氏二戴禮並立於學宮劉向考校經籍合二百十四篇戴德刪其繁重爲八十五篇謂之大戴禮戴聖又刪大戴之書爲四十六篇謂之小戴記

漢末馬融傳小戴之學又足月令一篇明堂位一篇樂記
一篇合四十九篇而求其精粹深厚雅馴近古者必以曲
臺記爲最蒼宣帝朝爲博士官至少府自唐貞觀以來議
祀典者多舉先儒獨未及后氏至明嘉靖九年考古求禮
始以蒼爲禮之宗詔令從祀孔廟序於漢儒董子之次稱
曰先儒后子　國朝因之

先儒董子　傳公羊春秋

董仲舒字寬夫廣川人也少治春秋漢景帝時爲博士下
帷發憤潛心力學莫或見其面蓋三年不窺舍園學士家
遠近負笈爭師之孝武建元元年詔舉賢良方正之士上

親策問仲舒對以天人三策嘗以開陳王道極言禮樂教化之功自孟子沒後士鮮知尊尚孔子而申韓蘇張之說橫行于世獨至董子一出適丁武皇表章六經之時其所陳說首言道之本原出于天又言養士莫大于太學願興太學置明師以養天下之士數考問以盡其材諸不在六藝之科孔子之術者皆絕其道勿使並進天子喜其對于是盡罷申韓蘇張諸亂國政者之說以仲舒爲江都相事易王王素驕悍仲舒以禮匡王王敬重之嘗語王曰仁人者正其誼不謀其利明其道不計其功是以仲尼之門五尺之童羞稱五霸爲其先詐力而後仁義也王曰善是時

仲舒方亟治公羊春秋遂以春秋災異之變推衍五行究陰陽所以錯行之故中廢爲中大夫著災異之記會遼東高廟災主父偃疾之取其書奏之天子召諸生示其書有刺譏於是下仲舒吏當死詔赦之仲舒乃徙家秦中是時公孫弘希世用事位至三公仲舒以弘爲從諛弘疾之以膠西王尤縱恣數殺害二千石因言於上使仲舒相之王素聞其賢及至優禮之仲舒兩事驕主皆正身以率下及去位家居不問產業專以講學著書爲事朝廷有大議使使就問之其對皆有明法所著書皆明經術之意及上數條教凡百二十三篇而說春秋事復十餘萬言總名曰繁

露皆傳于世仲舒弟子達者以百數而子及孫皆以學至大官元文宗至順元年從祀孔子明太祖洪武二十九年追封江都伯憲宗成化三年改封廣川伯嘉靖中改稱先儒董子　國朝因之

先儒王子

王通字仲淹河津人漢徵君霸之後也世以儒顯父隆開皇初以國子博士待詔雲龍門著興衰要論七篇每奏帝輒稱善後出爲昌樂令秩滿退歸遂不復仕四年通始生九年江東平隆見而異之遂告以元經之事通後受書於李育學詩於夏琠問禮於關朗子明正樂於霍汲攷易於

族父仲華衣不解帶者六年隋文帝仁壽三年通始冠遂慨然有濟蒼生之志西遊長安以布衣謁見帝奏太平十三策帝喜曰此天以生賜朕也下其議於公卿公卿多不悅通知謀不用乃歸龍門教授於河汾之間弟子自遠至者甚衆大業元年徵不至既乃潛心著書蒐討遺籍九年而六經大就太尉僕射楊素甚重通勸之仕通曰通有先人之敝廬足以庇風雨薄田足以具饘粥讀書談道足以自樂願明公正身以治天下使時和年豐通受賜多矣不願仕也嘗語門弟子曰樂天知命吾何憂窮理盡性吾何疑與論治曰無赦之國其刑必平重斂之國其財必貧門

人賈瓊問以息謗曰無辨問止怨曰不爭又曰聞謗而怒者讒之囮也見譽而喜者佞之媒也絶囮去媒讒佞遠矣大業十三年通以疾卒於家門人共議謚曰文中子生二子長曰福郊次曰福畤明嘉靖九年釐定祀典詔從祀孔子廟庭稱曰先儒王子　國朝因之

先儒范子

范仲淹字希文唐宰相履冰後其先邠州人徙家江南遂爲蘇州吳縣人公二歲而孤母適長山朱氏從其姓名說舉進士第爲廣德軍司理參軍迎母歸養改集慶軍節度推官始還姓更其名少有大節富貴貧賤毀譽歡戚不以

動其心常自誦曰士當先天下之憂而憂後天下之樂而樂也監泰州西溪鹽稅遷大理寺丞徙監楚州糧料院母喪去官晏殊知應天府召寘府學上書請擇郡守舉縣令斥游惰去冗僭慎選舉撫將帥凡萬餘言服除以殊薦爲秘閣校理天聖七年章獻太后將以冬至受朝天子率百官上壽公言奉親於內自有家人禮顧與百官同列南面而朝之不可爲後世法因上疏請太后還政不報出公通判河中府徙知陳州太后崩召爲右司諫言事者多暴太后時事公請掩小故以全厚德初太后遺誥以太妃楊氏爲皇太后參決軍國事公曰太后母號也自古無因保育

代立者今一太后崩又立一太后天下且疑陛下不可一日無母后之助矣歲大蝗旱命公安撫江淮所至開倉賑之且禁民淫祀奏蠲廬舒折役茶江東丁口鹽錢復條上捄敝十事會郭皇后廢率諫官御史伏閤爭之出知睦州徙蘇明二州拜尚書禮部員外郎天章閣待制召判國子監遷吏部員外郎權知開封府呂夷簡執政進用者多出其門公上百官圖指其次第曰如此爲序遷如此爲不次如此則公如此則私況進退近臣凡超格者不宜全委宰相夷簡不悅他日論建都事詆公迂闊公迺爲四論以獻大抵譏切時政且引漢成帝信張禹不疑舅家致新莽之

禍恐今日亦有張禹壞陛下家法夷簡愬訴公離間君臣
引用朋黨公對益切罷知饒州余靖尹洙歐陽修皆以公
故坐貶明年夷簡亦罷自是朋党之論興矣公既去論薦
者不已歲餘徙潤州又徙越州趙元昊反召爲天章閣待
制知永興軍改陝西都轉運使會夏竦爲陝西經畧安撫
招討使進公龍圖閣直學士以副之夷簡再入相帝諭公
釋憾公頓首曰臣鄉論蓋國家事於夷簡無憾也延州諸
砦多失守公自請行遷戶部郎中兼知延州分州兵萬八
千爲六一將領三千人分部教之更出禦賊用种世衡策
城青澗以據賊衝大興營田且聽民互市招還流亡定堡

障通斥候城十二砦羌漢民相踵歸業久之元昊歸陷將
高延德與公約和公爲書戒諭之會任福敗於好水川元
昊答書不遜公對使焚書大臣以爲公罪帝不聽降本曹
員外郎知耀州徙慶州遷左司郎中爲環慶路經畧安撫
緣邊招討使改邠州觀察使公言觀察班待制下臣守邊
數年羌人呼臣爲龍圖老子今恐爲賊輕辭不拜慶西北
馬鋪砦當後橋川口在賊腹中公欲城之賊兵三萬來爭
公麾兵血戰賊奔西北戒諸將無追旣而果有伏城成名
曰大順環慶寇益少葛懷敏敗於定川關輔搖動公率衆
援之人心遂安奏至帝大喜曰吾固知仲淹可用也進樞

密直學士右諫議大夫復置陝西路安撫經畧招討使以公及韓琦龐籍分領之元昊請和召拜樞密副使王舉正懦默諫官歐陽修等言公有相材請罷舉正遂改參知政事公曰執政可由諫官得乎固辭不拜願與韓琦出行邊授陝西宣撫使未行復除參知政事帝銳意太平開天章閣召二府條對公上十事曰明黜陟抑僥倖精貢舉擇長官均公田厚農桑修武備推恩信重命令減徭役天子方信嚮公悉采用之倚以爲治中外想望功業而公以天下爲已任裁削倖濫考覈官吏僥倖者不便謗毀稍行朋黨之論浸聞於上公因與富弼請行邊乃以公爲河東宣撫

使攻者益急公亦自請罷政事以爲資政殿學士陝西四
路宣撫使知邠州以疾請鄧州進給事中徙荆南鄧人遮
使者請留公亦願留鄧許之尋徙杭州再遷戸部侍郎徙
青州會病甚請潁州未至而卒年六十四贈兵部尚書謚
文正仁宗親書神道曰襃賢之碑公内剛外和性至孝以
母在時方貧後雖貴非賓客不重肉妻子衣食僅充而性
好施予汎愛樂義士多出其門下卒之日四方聞者皆歎
息爲政尚忠厚所至有恩嘗與韓公協謀必復靈夏橫山
地邊上謠曰軍中有一韓西賊聞之心骨寒軍中有一范
西賊聞之驚破膽元昊大懼遂稱臣其於兩路得熟羌爲

用邠慶二州民與屬羌皆畫像立生祠祀之其卒也羌酋數百人哭之如父齋三日而去公在睢陽孫明復上謁公補以學職授之春秋孫篤學不舍晝夜後以春秋教授學者道德高邁朝廷召之康定用兵時張橫渠年十八慨然以功名自許上書謁公公責之曰儒者自有名教何事於兵因勸讀中庸橫渠遂成大儒初在淄州讀書長白山僧舍冬月憊甚以水沃面食不給至以糜粥繼之嘗見白鼠入穴中探之乃銀一甕遂窖掩覆後公貴顯寺僧修造求助於公公以空書復之俾取此藏如言而獲子純仁取麥五百斛於蘇次丹陽見石曼卿三喪未葬付以麥舟抵家

述曼卿狀公曰何不以麥舟與之純仁曰已付之矣公嘗語諸子曰吳中宗族甚衆若獨享富貴而不恤何以見祖宗地下亦何顏入家廟乎乃買近郭良田數千畝爲義莊以養羣族之貧者嫁娶喪葬皆有贍給自政府出歸蘇有絹三千匹盡散親戚及閭里知舊以少育朱氏用南郊恩乞贈朱氏父太常博士其朱氏子皆爲葬之每歲別有饗祭朱氏他子弟以公蔭補官者三人公四子純祐守將作監主簿純仁相哲宗謚忠宣純禮尚書右丞純粹龍圖閣學士戶部侍郎知河南府其事蹟皆載宋史 周望按公生平忠孝大節光明磊落軒揭天地當時富鄭公稱之爲聖

人石守道比之爲夔卨呂中劉宰論本朝人物皆以公爲第一而朱子亦云天地間氣第一流人物又云本朝道學之盛亦有其漸自范文正以來已有好議論後來遂有周程張子故程子平生依舊尊之其推許公如此至于中庸千數百年雜於禮記中自公揭以示張子匪特橫渠關學與濂洛並稱由公所啓而中庸與論孟大學並列爲四書垂教萬世厥功之鉅豈在孟子下哉我

皇上崇獎名儒特詔從祀文廟西廡立臣工之準則增吾道之羽儀猗與盛矣

先儒歐陽子

歐陽修字永叔廬陵人父觀宋眞宗咸平三年進士及第爲泰州判官遷泗州司理嘗秉燭治官書屢廢而歎夫人問之曰此死獄也欲求其生不得爾修方三歲乳者抱立於旁觀指之曰術者謂我歲在戌將死使其言驗即不見兒之成立也後當以吾言告之明年修四歲早孤母鄭氏敎之家貧以荻畫地作書修幼敏悟讀書過目成誦比舉進士中甲科補西京留守推官宋興且百年文章體裁猶仍五季餘習修遊隨州得韓子退之遺藁於廢書簏讀而心慕焉苦心探賾至忘寢食遂以文章名冠天下學者翕然師之景祐初名試選館閣校勘時范仲淹知開封每進

見輒言時政得失宰相惡之呂夷簡斥守饒陽時集賢校理余靖館閣校理尹洙連章伸留仲淹並落職修乃貽書司諫高若訥責其不能救止不復知人間有羞恥事若訥怒上其書修坐貶夷陵令尋召還舊職遷太子中允與修崇文書目仁宗慶曆二年召知諫院初仲淹之貶同事者以言見逐羣邪因並目爲黨人修於是爲朋黨論以進直言讜論人疾之如仇上特獎其忠直一日顧侍臣曰如歐陽修者何處得來既而夏竦當國杜衍范仲淹韓琦富弼皆相繼罷去修上疏抗言四人天下皆知其賢而一旦罷之謀臣不用敵國之福也疏上邪黨益忌之左遷知滁州尋

又徙潁州時歲凶奏免黃河夫役民賴全活者至萬餘家旣而丁內艱至和元年服除入見鬚髮盡白上惻然命判吏部兼監修唐書遂入爲翰林學士嘉祐二年召知貢舉是時進士爭尚詭怪險澁號太學體修所取皆詞義古質其推新體皆不與錄榜出囂譁羣聚詆斥然文體自是亦少變矣三年代包拯權知開封五年六月上所修新唐書二百二十五卷事增於前文省於舊召拜禮部侍郎兼翰林侍讀學士六年爲樞密副使七年參知政事與韓琦同心輔政故嘉祐之治號稱得人英宗治平二年詔議濮王典禮修議與衆不合言者詆之不已因力求退四年三月

乃以觀文殿學士出知亳州神宗熙寧元年改知青州三年召判太原府辭乃求知蔡州從之修以風節自持既連被彈駁年六十即乞謝事前從青州時上疏請止散青苗錢王安石深惡之修求歸益切參政馮京請留之安石不可四年六月修上疏力辭許之乃以觀文殿大學士太子少師致仕修昔守潁時樂其土故遂卜居潁之西湖其在滁也作亭琅琊以醉翁自名又曰吾集古錄一千卷藏書一萬卷有琴一張棊一局而常置酒一壺以吾一老人坐於其間是為六一居士云所著有新唐書五代史及本論文集等行於世卒時在汝州年六十六初太常議謚曰文

常秩歐陽門人曰修有定策之功請加以忠乃謚文忠贈太子
太師明嘉靖九年詔從祀　孔廟稱曰先儒歐陽子　國
朝因之

先儒胡子

胡安國字康侯崇安人父淵哲宗朝崇議郎安國幼警敏
力學嗜道紹聖四年中進士第初廷試考官定其策第一
宰執以無詆元祐語抑之哲宗親擢爲第三授太學博士
欽宗靖康元年除太常少卿辭既而問對奏言明王以務
學爲急聖學以正心爲要語甚剴切時相耿南仲聞其言
惡之力間於帝帝不爲動每見臣僚登對即問識胡安國

否中丞許翰對曰自蔡京得政士大夫無不受其籠絡超然遠跡不爲所汚如安國者實鮮遂除中書舍人賜三品八月李綱罷知揚州中書舍人劉珏當制謂綱勇於報國吏部侍郎彭澥言珏爲綱遊說珏坐貶遠州安國封還詞頭且論澥越職言事南仲大怒中書侍郎何㮚從而擠之遂貶知通州或曰事之小者姑置之安國曰事之大者無不起于細微今以小事爲不言至于大事又不敢言是無時可言也竟赴貶所既去逾旬金人薄都城欽宗北狩高宗紹興二年以給事中召入對因上時政論二十一篇帝稱善及召見復進言春秋經世大典見諸行事非空言比

方今思濟艱難莫若潛心聖經上說進兼侍講專講春秋旣而宰相呂頤浩薦朱勝非代已安國力言不可固爭之遂臥家不出宰相大怒乃勸帝降旨落職提舉仙都觀五年令纂修所著春秋傳自熙寧以來王安石廢春秋不列於學宮安國謂先聖所筆削之書天下事物無不備於此乃傳心之要典而使人主不得聞講說學士不得相傳習亂倫滅理殆由乎此因潛心二十餘年著爲春秋傳以成其志紹興八年春二月帝在建康上之帝嘉其說謂深得聖人之旨又謂宰相趙鼎曰安國所解春秋朕置之座右率二十四日讀一遍詔加寶文閣直學士八月卒年六十

五謚曰文定安國強學力行以聖人爲標的志在康濟時艱見中原淪沒常若痛切於身雖以罪去而愛君憂民之志遠而彌篤然風度凝遠蕭然塵表視天下萬物無一足以攖其心語學者曰知至故能知言意誠故能養氣又曰豈有見理已明而不能處事者蓋自渡江以後儒者進退合義以安國尹焞爲首朱子論之曰公傳道伊洛志在春秋著書立言格君傳後所以明天理正人心扶三綱叙九法者深切著明體用該貫而其正色危言據經論事剛大正直之氣直無愧于古人矣生三子長寅所著論語詳說及讀史管見世稱致堂先生次寧次宏所著有知言皇王

大紀八十卷學者稱五峰先生明太祖洪武初詔以胡安國春秋傳列于學宮正統元年從祀孔廟成化三年追封建寧伯嘉靖九年改稱先儒胡子　國朝因之

先儒楊子

楊時字中立將樂人天性仁孝幼喪母哀毀如成人事繼母尤謹比長潛心經史神宗熙寧九年中進士第時河南二程子講學于熙豐之際河洛之士翕然師之時調官不赴以師禮見程伯子於穎昌相得甚歡其歸也程目送之曰吾道南矣後又見程叔子于洛一日程偶瞑坐時與游酢侍立不去程既覺則門外雪深尺許矣當時號龜山楊

中立爲程門高足久之歷知瀏陽餘杭蕭山三縣皆有惠
政而德望日重四方之士不遠千里從之游號曰龜山先
生既而遷荊州教授于是浮沉州縣者垂四十年徽宗宣
和元年蔡京客張覺言于京以時薦會路允迪自高麗還
言高麗國王問龜山先生安在乃詔爲秘書省著作郎尋
轉邇英殿說書時朝廷方圖燕雲時謂燕雲之師宜退守
內地以省轉輸之勞募邊民爲弓弩手以殺常勝軍之勢
又言都城無高山巨浸以爲阻衞人各異心不可倚仗君
臣儆戒正在無虞之時帝首肯之執政不能用欽宗即位
金人內攻時謂執政曰近邊州軍宜堅壁淸野勿與之戰

使之自困苦攻戰略地當遣援兵追襲使之腹背受敵則可以制勝矣及金人圍京城詔諸道督兵進援時上言今日之事當以收人心爲先人心不附雖有高城深池堅甲利兵不足恃也今諸路驅烏合之衆來援兵不素練臣謂當立統帥一號令示紀律而後士卒始用命且童貫爲三路大帥棄軍逃歸朝廷置之不罪故梁方平何灌相繼效尤宜亟正典刑以爲不忠之戒童貫握兵三十餘年覆軍殺將馴致今日今者防城仍用閹宦覆車之轍豈可復蹈也乎疏上詔以爲諫議大夫兼侍講時金兵初退議者欲割三鎮以講和時又極言不可曰河朔爲朝廷重地而三

鎮又河朔之要藩自我聖祖百戰而後得之一旦棄之北庭使敵騎馳驅貫吾腹心臣固以爲不可也疏上帝詔出師而廷臣多持兩端時抗疏曰聞金人駐磁相破大名刼虜駈略無紀極誓墨未乾而遂背之吾雖欲主和議不可得也夫越數千里而遠犯人國都危道也見勤王師四面雲集彼懼而歸非愛我而不攻朝廷割三鎮三十州之地與之是欲助寇而自攻也卒不能用會李綱罷太學生陳東等及都民數十萬人伏闕上書上乃復綱右丞以時爲國子祭酒時上言蔡京蠹國害民幾危宗社以繼述神宗爲名實挾王安石以圖身利故推尊安石加以王爵配

享孔子廟庭今日之禍實安石有以啓之伏望追奪王爵明詔中外毀去配享之像使邪說淫辭不爲學者之惑疏上詔罷安石配享猶留從祀當是時諸生習用王氏學取科第忽聞時言羣論籍籍於是中丞陳過庭等連章攻時遂罷祭酒以徽猷閣待制致仕時居諫垣僅九十日凡所論列皆切于世道而其大者則闢王氏排和議論三鎭不可棄去尤爲有功高宗卽位除時工部侍郎兼侍講時以老求去遂以龍圖閣學士提舉杭州洞霄宮致仕紹興五年卒年八十三謚文靖時在東郡所交皆天下士先達皆以師禮事之暨渡江東南學者推之爲程氏正宗門人胡

宏羅從彥李侗張九成皆克傳其道上承程氏正宗下啓
朱子之大成云明孝宗弘治九年追封時將樂伯詔從祀
孔子廟庭嘉靖九年改稱先儒楊子　國朝因之

先儒李子

李侗字愿中南劍人幼而頴悟少長聞郡人羅仲素得河
洛之學於龜山之門遂往學焉受春秋中庸語孟退而屏
居山田結茅水竹之間謝絕世故垂四十年講誦之餘危
坐終日以驗夫喜怒哀樂未發以前氣象何如而求所謂
中者久之而知天下之大本眞有在于是矣由是操存益
固涵養益熟精明純一觸處洞然泛應曲酬發必中節其

接後學荅問窮晝夜不勌隨人淺深誘之各不同而要以反身自得爲本建安朱松與侗爲同門友嘗與沙縣鄧迪語及侗曰愿中如氷壺秋月瑩徹無瑕非吾曹所及遂命朱子就學于侗因師事焉晚年閩帥汪應辰安車來迎以求講解侗因往見之至帥治坐語未終而卒年七十一所著有延平問荅及語錄行世學者稱爲延平先生理宗朝追贈[redacted]謚文靖明萬曆四十二年從禮臣孫慎行學臣熊尚文之請詔從祀孔子廟庭稱先儒李子　國朝因之

朱子贊曰

精義造約窮深極微涷解氷釋發于天機仁孝友弟灑落誠明清通和樂展也大成

先儒張子

張栻字敬夫漢州綿竹人唐相九齡弟九皐之後也曾祖紘舉茂才異等知雷州祖咸舉進士父浚登進士第累官右僕射兼知樞密院事南宋中興之功浚爲第一生二子長曰栻次杓栻穎悟夙成以古聖賢自期幼與朱子爲友長從胡宏問河南程氏之學宏一見稱之曰聖門有人矣益自奮勵著希顏錄以自警補蔭承務郎高宗紹興中秦檜用事倡執和議誤國沮公忠獻公數被竄置栻居閒散

孝宗卽位復召浚入朝以爲江淮宣撫使封魏國公浚因奏栻充機宜以軍事入見時帝駐建康遂召栻赴行在卽進言曰陛下上念祖宗之讎恥下憫中原之塗炭惕然於中而思有以振之臣謂此心之發卽天理也願益加省察而稽古親賢以輔毋使少怠則今日之功可成立矣上大異之除直秘閣浚起謫籍建康開封督軍治旅栻以少年周旋其間內贊密謀外參庶務經營綜畫靡有缺遺及宿州之捷帝手書勞浚曰近日邊報中外鼓舞十年來無此克捷矣俄而符離縣名稍挫湯思退等媒孽百端浚上表求去上召栻入對言自古有爲之君必君臣協謀以成大功

今臣父以孤蹤動輙掣肘陛下將安用之上念浚功不已復以都督江淮明年八月浚卒贈太師謚忠獻栻丁父艱五年召起爲起居郎入對帝語金以可圖狀栻對曰陵寢隔絕誠臣子不忍言之至痛今日乃欲甲辭厚禮以求於彼則於大義已爲未盡但當下哀痛之詔明復仇之義修德立政用賢養民選將練兵以內修外攘進戰退守通爲一事治其實而不爲虛文則必勝之形隱然可見矣帝深納之除秘閣修撰時宰相虞允文雅重栻數遣人致殷勤栻皆不荅明年薦爲吏部侍郎嘗入對帝言仗節死義之臣難得栻對曰當於犯顏敢諫中求之帝又言難得辦事

之臣栻對曰陛下當求曉事之臣不當求辦事之臣帝首
肯之栻在朝僅期月召對至六七所言皆修身務學畏天
恤民抑僥倖屏讒諂之論時宰執近倖皆憚之七年三月
有詔以知閤門事張說簽書樞密院事栻草疏極言其不
可且詣朝堂詰責宰相虞允文曰宦官執政自京黼始近
習執政自相公始乃復奏命得中寢允文慙憤明年出知
袁州淳熙改元栻家居累年矣上復念栻詔復舊職知靜
江府所統州十有五栻爲之簡兵選卒籍其黥黠伉健者
以爲用再改知江陵安撫本路栻入境羣盜相率遁去諸
州帖然尋詔以右文殿修撰提舉武夷山冲祐觀淳熙七

年春二月卒年四十八病且死猶手疏勸帝親君子遠小人信任防一已之偏好惡公天下之理天下傳誦之栻有公輔之望而天奪之早帝聞之嗟歎不已朱子與黃榦書曰吾道益孤矣所著有論語孟子說太極圖說洙泗言仁諸葛武侯傳經世紀年行於世學者稱爲南軒先生朱子題其像曰擴仁義之端至於彌六合謹義利之辨至於析秋毫拳拳乎其致主之功汲汲乎其幹父之勞仡仡乎其任道之重卓卓乎其立心之高云云 寧宗嘉定二年賜謚曰宣理宗景定二年追封華陽伯從祀孔廟明嘉靖九年改稱先儒張子 國朝因之

先儒陸子

陸九淵字子靜撫州金溪人唐相希聲之八世孫也祖德遷避五代亂始居金谿父賀隱居教授嘗采古禮成書生六子其三郎九淵九淵生而頴異自幼靜重如成人年三四歲時問父賀曰天地何所窮際父笑而不答遂深思至忘寢食他日讀書至上下四方曰宇在古來今曰宙忽大省悟曰宇宙內事乃己分內事己分內事乃宇宙內事也又曰東海有聖人出焉此心同也此理同也至西南北海有聖人出焉此心此理亦莫不然千百世之上有聖人出此心此理同也至千百世之下有聖人出此心此理亦莫

不然孝宗乾道八年登進士第淳熙元年授隆興府靖安縣主簿二年與朱晦翁約會鵝湖九淵兄九齡皆在會論辨所學多不合朱以陸之學爲太簡陸以朱之學爲支離皆不懌而去四年丁母憂六年服闋改建寧府崇安縣八年會朱子爲南康守九淵訪之朱與之泛舟而樂遂偕至白鹿洞請登講席九淵爲講君子喻義章聽者至有泣下朱子以爲切中學者隱微深痼之病九年除國子正十年除勅定所刪定官十三年除將作監丞詔主管台州崇道院奉祠還鄉四方學者輻輳每開講席環坐常數百人縣大夫爲設講堂於學宮耆老扶杖往聽一時貴賤老少溢

塞塗巷貴溪有山其形如象遂名之曰象山因聚徒講學於此學者稱爲象山先生是時與朱子論太極圖說屢書往返辨論不合光宗紹熙元年差起知荊門軍其地素無城壁九淵乃修城築壘數旬而就至今倚爲金湯紹熙三年卒於官年五十四謚文安理宗寶慶三年詔錄九淵嫡子孫官明嘉靖九年從祀孔子廟庭稱先儒陸子　國朝因之

先儒眞子

眞德秀字希元浦城人寧宗慶元五年登進士第授南劍州判官繼試中博學宏詞科召爲太學正嘉定元年遷博

士召試學士院改秘書省正字兼簡討玉牒二年遷秘書郎四年進禮部郎五年遷軍器少監陞權直學士是年七月雷雨太廟屋壞德秀上疏請修德彌咎不省六年遷起居舍人七年金人來求歲幣德秀上疏請絕弗與望用忠賢修政事屈羣策收衆心以爲自立之本訓兵戎擇將帥繕城池飭戍守以爲自立之具則國勢日張人心日奮雖強敵在前不能爲患矣反復數千言帝納之遂罷金國歲幣八年遷江東轉運副使德秀辭朝奏請五事一曰宗社之恥不可忘二曰比鄰之道不可輕三曰幸安之謀不可恃四曰導諛之言不可聽五曰至公之論不可忽十四年

上疏言朱熹彭龜年以抗論逐呂祖儉周端朝以上書斥當時近臣猶有爭之者其後呂祖泰之貶非惟近臣莫敢言而臺諫且出力以擠之則嘉泰之失已深於慶元矣更化之初羣賢皆得自奮未幾傅伯成以諫官論事去蔡初學以詞臣論事去劉應龍又繼以封駁論事去是數人者非能大有所矯拂巳皆不容於朝臣不知朝廷能自知天下事否也是時史彌遠方以爵祿縻天下士德秀慨然力請出外命知泉州旋遷潭州理宗即位召爲中書舍人尋擢禮部侍郎直學士院德秀因經筵侍上進曰此高孝二祖儲神燕閒之地仰瞻楹桷當如二祖在上惟學可以明

此心惟敬可以存此心惟親君子可以維持此心上皆虛
心開納寶慶元年史彌遠旣誣殺濟王竑德秀入對曰濟
王小過未萌而處置若此臣觀舜所以處象則陛下不及
舜明甚也帝悔悼久之由是益中彌遠之忌而給事中王
槩御史梁成大等相繼交劾乃落職歸浦城修讀書記紹
定五年復起知泉州端平元年彌遠卒上始親政御史洪
咨夔王遂等力請召崔與之魏了翁眞德秀入朝時聞金
兵欲進攻潼關德秀因上封事召爲戶部尚書入見以大
學衍義進改翰林學士知制誥因奏三劄反覆陳說以爲
祈天永命之戒上每讀一奏竟稱善久之十月詔德秀進

講大學衍義踰年詔知貢舉參知政事進資政殿學士提
舉萬壽觀兼侍讀端平二年五月卒詔贈銀青光祿大夫
謚曰文忠德秀立朝不滿十載奏疏無慮數十萬言皆洞
中切要直聲震朝廷宦游所至惠政深洽不愧其言使正
學得明於後世厥功大矣所著有大學衍義讀書記文章
正宗行於世學者稱爲西山先生明英宗正統元年詔從
祀孔廟憲宗成化三年追封浦城伯世宗嘉靖九年改稱
先儒眞子　國朝因之

先儒薛子

薛瑄字德溫山西河津人年十二能詩賦既壯讀周程張

朱之書歎曰此吾道正脈也遂焚所作詩賦專心性命之學至忘寢食永樂十八年庚子父貞爲河南鄢陵縣教諭命瑄就試河南中第一明年辛丑登進士第宣宗宣德二年擢御史監湖廣銀塲至則黜貪墨正風俗手錄性理大全晨夕展玩或通夜不寢英宗正統元年初設提學出爲山東僉事每臨諸生親爲講解不事嚴厲皆呼之曰薛夫子是時中官王振擅竊與瑄適同梓里因問三楊吾鄉誰可爲大臣者皆薦瑄六年召大理少卿三楊時希振旨語瑄以進用實出振意欲令一就見振謝瑄正色曰安有授官公朝而拜恩私門耶三楊爲之愧屈其後議事東閣公

卿見振多趨拜瑄獨屹立振意專屬瑄特趨揖之瑄亦無加禮始終不爲屈由是銜瑄會指揮某病死其妾欲嫁其私人王山山振姪也妻不肯妾弗得嫁遂誣妻毒殺夫下御史獄坐妻死瑄辨其寃三駁堂狀都御史王文諂事振又曲庇御史劾瑄受賄棄律出人死請廷鞫振喜曰是固應死矣竟坐瑄死罪繫獄瑄怡然曰辨寃獲咎死何媿焉持周易誦讀不輟無何振有一蒼頭哭于廚下振怪問之僕曰近聞薛夫子將臨刑是以哭之不識有何罪遽至此耶既而大臣伸救又瑄家人乞代死得免歸既退居六年造詣益邃十四年給事中程信疏薦起爲大理寺丞瑄守

北門禦邊未幾有土木之變景泰元年督川雲轉餉貴州尋陞南京大理寺卿蘇松飢民貸粟富家不得縱火竄海中王文欲與大獄瑄連章抗辨獲免四年秋召改北大理卿天順元年遷禮部右侍郎兼翰林學士入內閣尋命主考會試事竣轉左越五月引疾致仕行至直沽絕糧居家六年四方從學者甚衆生平每以聖賢爲師終日衣冠危坐望之儼然可畏晚年造詣高明踐履篤實益至純熟其爲文必根于理詩則古淡出于自然所著讀書錄續讀書錄河汾詩集行于世天順八年卒年七十六世稱敬軒先生追贈禮部尚書謚曰文清憲宗成化元年監丞李紳首

請公從祀孔廟劉文安公繼請孝宗弘治九年令春秋專
祀于鄉穆宗隆慶六年詔從祀孔子廟庭稱先儒薛子
國朝因之

國學禮樂錄卷之九

列傳 啓聖祠

啓聖公孔氏

啓聖公諱叔梁紇系出微子自宋華督之亂孔氏犇魯遂世爲魯人祖曰防叔是生伯夏伯夏生紇仕魯爲陬邑大夫襄公十年春公會諸侯於祖夏伐偪陽丙寅圍之弗克偪陽人啓門諸侯之士門焉縣懸門發鄹人紇抉之以出門者甲午遂滅偪陽紇娶魯之施氏生九女而無子其妾生孟皮一字伯尼有足病於是乃求婚於顏氏顏氏有三女其季曰徵在顏父問三女曰陬大夫雖父祖爲氏然其

先聖王之裔今其人身長十尺武力絶人吾甚貪之雖年
長性嚴不足爲異三子孰能事之徵在進曰從父所制將
何問焉父曰卽爾能矣遂以妻之徵在旣往廟見以夫之
年大懼不時有男而私禱尼丘之山以祈焉遂生孔子孔
子三歲而叔梁大夫卒二十四歲而聖母卒合葬於防山
宋眞宗大中祥符元年追封齊國公聖母爲魯國太夫人
元文宗至順元年加封啓聖王啓聖王夫人明孝宗弘治
元年吏部尚書王恕請立祠廟祀啓聖王以杞國公無繇
萊蕪侯點泗水侯鯉郕國公孟孫氏配享永年伯珣獻靖
公松從祀禮官議不可遂止十四年侍郎魯鐸復議如前

亦不合嘉靖九年因張璁之議乃詔兩京國子監并天下學校各建啓聖公祠祀叔梁大夫題稱啓聖公孔氏之位而以顏曾孔孟四氏配程朱蔡三氏從祀萬曆中益以周氏 國朝因之

贊曰水精慶胙勇力長驅神監尼阜瑞吐玉書丹山威鳳滄海明珠啓聖百代天壤與俱

先賢顏氏

顏無繇字路（從史記○家語作季路）淵之父也昔武王克商封陸終之裔曹挾於邾傳至懿甫顏顏子友別封于郳爲小邾子遂以顏爲氏以其附庸于魯世爲魯卿魯國之族最爲蕃

衍友後數傳而至無繇少孔子六歲孔子始教而受學焉爲魯卿士娶齊姜氏生回回年三十二早卒回之妻宋戴氏生子歆唐元宗開元二十七年追封無繇爲杞伯從祀孔廟宋眞宗大中祥符二年加封曲阜侯元順帝元統三年加封杞國公謚文裕追封姜氏杞國夫人謚端獻明嘉靖九年改稱先賢顏氏遷配啓聖祠　國朝因之

先賢曾氏

曾點字子晳史記作曾蒧字晳少孔子六歲南武城人曾子之父也少從事孔子當季武子卒大夫往弔點獨倚其門而歌孔子謂之狂後侍坐夫子誘使言志點願偕童冠乘暮春

尋沂水舞雩風浴詠歸之樂夫子與之先儒以爲曾點之學蓋有以見夫人欲盡處天理流行隨處充滿無少欠闕故其動靜之際從容如此而其胸次悠然直與天地萬物上下同流晩年疾時禮教不行欲修明之孔子善焉生子參年十六孔子在楚點卽命往楚受學十餘年卒傳其道唐元宗開元二十七年追封點宿伯從祀孔子宋眞宗大中祥符二年加封萊蕪侯明嘉靖九年改稱先賢曾氏遷配啓聖祠　國朝因之

先賢孔氏

孔鯉字伯魚孔子子也孔子年十九娶于宋之亓官氏一

歲生伯魚魚之生也魯昭公以鯉魚賜孔子榮君之貺故因名曰鯉而字伯魚孔子嘗謂之曰鯉乎吾聞可以與人終日而不倦者其惟學乎他日又語之曰鯉君子不可以不學伯魚于是潛心深思力志于學年三十而髮早白夫子嘗謂之曰女爲周南召南矣乎人而不爲周南召南其猶正牆面而立也與先儒嘗言二南皆修身齊家之事孔子以是教鯉則其平日于大學之道亦可謂大本克立者矣至於詩禮之訓兩于過庭時傳之非其學古有獲其孰能與于斯乎魯哀公乙卯伯魚之母死期而猶哭孔子聞之曰誰與平聲哭者門人曰鯉也孔子曰嘻之甚也伯魚聞

之遂除之哀公嘗以幣召鯉稱疾不行戊午哀公十有二年伯魚年五十先孔子卒宋徽宗崇寧元年追封泗水侯度宗咸淳三年從祀孔子明嘉靖九年改稱先賢孔氏配享啓聖祠　國朝因之

先賢孟孫氏

激公宜孟子之父魯公族孟孫之後也世居於鄒故爲鄒人娶仉音掌氏有賢德生孟子三歲而孤挾之以居嘗三遷其舍以教孟子旣而以刀自斷其織曰子之廢學若我斷斯織矣孟子懼于是力學受業于子思之門遂成大賢元仁宗延祐三年追封孟父孟孫氏爲邾國公母爲邾國宣

獻夫人明嘉靖九年改稱先賢孟孫氏配享啓聖祠　國
朝因之

先儒周氏東從祀

周輔成字伯大本姬姓自太王邑于周遂以爲氏漢興封周後于汝南輔成蓋其後也世家營道莫詳其遷徙所自祖名從遠父智强智强生五子其四名輔成卽茂叔父也大中祥符八年賜進士出身終賀州桂嶺令累贈諫議大夫先娶唐氏生礪繼室鄭氏生茂叔明神宗萬曆二十三年禮部覆湖廣撫按郭惟賢等本奉旨是周輔成准從祀啓聖祠稱先儒周氏　國朝因之

先儒朱氏

朱松字喬年徽之婺源人少有俊才爲文汪洋放恣不見涯涘後取六經子史讀之以求天下理亂興亡之故遂慨然益以行道濟時爲已任中進士第胡世將謝克家薦之除秘書正字時趙鼎都督川陝荆襄軍馬招喬年爲屬辭及鼎再相遂除爲校書郎遷著作郎以御史中丞常同薦除度支員外郎史館校勘歷司勳吏部郎秦檜決策議和喬年與同列上章極言其不可檜怒風御史論其懷異自賢乃出知饒州請祠居於家因師事羅豫章先生與李延平爲同門友聞楊龜山所傳河洛之學獨得古先聖賢不

傳之遺意於是益自刻勵痛刮浮華以趨本實日誦大學
中庸之書以用力于致知誠意之地自謂褊急害道因取
古人佩韋之義名其齋以自儆文章行義爲學者師紹興
十三年居饒州疾革手自爲書以家事屬少傅劉公子羽
而訣于籍溪胡憲白水劉勉之屏山劉子翬且顧謂朱子
曰此三人者吾老友也其學皆有淵源吾所敬畏吾即死
汝往父事之及沒年四十有七朱子時年甫十四即稟學
於三君子之門元順宗至正二十一年謚獻靖二十二年
追封齊國公明嘉靖九年從祀啓聖祠稱先儒朱氏 國
朝因之

先儒程氏 西從祀

程珦字伯溫宋人其先曰喬伯爲周大司馬封於程後遂以爲氏曾祖羽贈太子少師祖希振任尚書虞部員外郎父遹贈開府儀同三司吏部尚書世居中山曾祖太宗朝以輔翊功顯賜第於京師居再世而下葬河南遂爲河南人至仁宗朝錄舊臣後以伯溫[redacted]之知龔州時區希範既誅鄉人忽傳其神降言當爲我南海立祠迎其神以往至龔伯溫察其妄乃息徙知磁州又徙漢州嘗晏客開元僧舍酒方行人讙言佛光見觀者相騰踐伯溫安坐不動頃之遂定熙寧法行爲守令者奉命唯恐後伯溫

獨抗議指其未便使者李元瑜怒即移病歸旋致仕累轉大中大夫伯溫爲人慈恕而剛斷平居與幼賤處唯恐有傷其意至于犯義禮則不假也左右使令之人無日不察其饑飽寒燠前後五得任子以均諸父之子孫嫁遣孤女必盡其力所得俸錢分贍親戚之貧者時官小祿薄克已爲義人以爲難方伯溫知虔州興國縣事嘗假倅南安軍周茂叔時爲獄掾不爲守所知伯溫視其氣貌非常人與語果爲學知道者因與爲友乃遣二子從游二子便脫然欲學聖人時年十四五也配壽安縣君侯氏哲宗元祐五年伯溫年八十五卒文彥博蘇頌等九人表其淸節詔賜

帛二百官給其葬後追封永年伯明嘉靖九年從祀啓聖祠稱先儒程氏　國朝因之

先儒蔡氏

蔡元定字季通生而穎悟八歲能詩日記數千言父發博覽羣書號牧堂老人以程氏語錄邵氏經世張氏正蒙授季通曰此孔孟正脈也季通深涵其義既長辨析益精登建陽西山絶頂忍饑啖薺讀書聞朱元晦名往師之元晦扣其學大驚曰此吾老友也不當在弟子列遂與講論諸經奥義每至夜分四方來學者元晦必俾先從季通質証焉太常寺少卿尤袤秘書少監楊萬里聯疏薦於朝召之

堅以疾辭築室西山將爲終焉之計時韓侂胄擅政設僞
學之禁以空善類言官沈繼祖劉三傑承風連疏詆元晦
併及季通寧宗慶元三年季通謫道州聞命不辭家即就
道同其子沉行三千里脚爲流血至舂陵遠近來學者甚
衆州縣士子莫不趨席下以聽講說嘗貽書訓諸子曰獨
行不愧影獨寢不愧衾勿以吾得罪故遂懈一日謂沉曰
可謝客吾欲安靜以還造化舊物閱三日卒時慶元四年
也歸葬于西山之麓侂胄既誅嘉定三年贈廸功郎謚文
節季通于書無所不讀於事無所不究義理洞見大原下
至圖書禮樂制度無不精妙古書奇辭奥義人所不能曉

者一過目輒解元晦嘗曰人讀易書難季通讀難書易元晦疏釋四書及爲詩傳通鑑綱目皆與季通往復叅訂啓蒙一書則屬季通起藁學者尊之曰西山先生其平生問學多寓於元晦集中所著書有大衍詳說律呂新書燕樂原辯皇極經世太元潛虛指要洪範解八陣圖說元晦爲之序子淵沉皆紹父之學躬耕不仕淵有周易訓解沉別有傳明世宗嘉靖九年從祀啓聖祠稱先儒蔡氏　國朝因之

國學禮樂錄卷之九

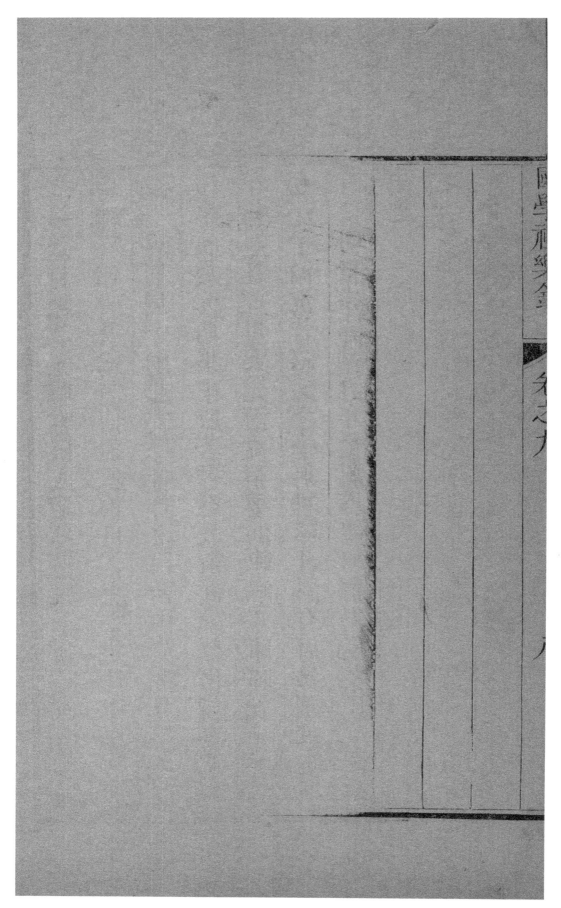